# Linguística, ecologia e ecolinguística

contato de línguas

*Conselho Acadêmico*
Ataliba Teixeira de Castilho
Carlos Eduardo Lins da Silva
Carlos Fico
Jaime Cordeiro
José Luiz Fiorin
Tania Regina de Luca

Proibida a reprodução total ou parcial em qualquer mídia
sem a autorização escrita da editora.
Os infratores estão sujeitos às penas da lei.

A Editora não é responsável pelo conteúdo deste livro.
O Autor conhece os fatos narrados, pelos quais é responsável,
assim como se responsabiliza pelos juízos emitidos.

Consulte nosso catálogo completo e últimos lançamentos em **www.editoracontexto.com.br**.

Hildo Honório do Couto

# Linguística, ecologia e ecolinguística

## contato de línguas

*Copyright* © 2009 Hildo Honório do Couto

Todos os direitos desta edição reservados à
Editora Contexto (Editora Pinsky Ltda.)

*Preparação de textos*
Do autor

*Montagem de capa e diagramação*
Gustavo S. Vilas Boas

*Revisão*
Daniela Marini Iwamoto

Dados Internacionais de Catalogação na Publicação (CIP)
(Câmara Brasileira do Livro, SP, Brasil)

Couto, Hildo Honório do
Linguística, ecologia e ecolinguística : contato de línguas /
Hildo Honório do Couto. – 2. ed. – São Paulo :
Contexto, 2023.

ISBN 978-85-7244-420-0

1. Ecologia 2. Linguística I. Título.

| 08-11512 | CDD-410 |
|---|---|

Índices para catálogo sistemático:
1. Linguística 410

2023

Editora Contexto
Diretor editorial: *Jaime Pinsky*

Rua Dr. José Elias, 520 – Alto da Lapa
05083-030 – São Paulo – SP
PABX: (11) 3832 5838
contato@editoracontexto.com.br
www.editoracontexto.com.br

# Sumário

PREFÁCIO .......................................................................................7

INTRODUÇÃO..................................................................................11

LINGUÍSTICA, ECOLOGIA E ECOLINGUÍSTICA ........................................15

ECOLOGIA DA INTERAÇÃO COMUNICATIVA ..........................................33

CONCEITUANDO CONTATO DE LÍNGUAS ...............................................49

ECOLOGIA DA EVOLUÇÃO LINGUÍSTICA ...............................................61

OBSOLESCÊNCIA E MORTE DE LÍNGUA..................................................83

PIDGINIZAÇÃO E CRIOULIZAÇÃO .........................................................99

MULTILINGUISMO .........................................................................113

MULTIDIALETALISMO......................................................................133

SITUAÇÕES FRONTEIRIÇAS ..............................................................149

ILHAS LINGUÍSTICAS ......................................................................165

CONCLUSÃO.................................................................................179

BIBLIOGRAFIA...............................................................................183

O AUTOR .....................................................................................189

# Prefácio

Os estudos sobre a evolução linguística têm tomado rumos bastante interessantes a partir de pelo menos a última década. Devido a questões que surgiram no estudo da emergência dos crioulos, alguns de nós sentiram a necessidade de reformular duas questões fundamentais: 1) Como as línguas especiam ao longo do tempo?, 2) Os processos de reestruturação que causam as diferenças entre os crioulos e suas línguas "lexificadoras" são de natureza diferente da daqueles que levaram à diversificação de, por exemplo, o indo-europeu e as línguas bantos? Essas são questões que parecem ter sido relegadas a segundo plano tanto na Linguística Genética quanto na Dialetologia Histórica, se é que se pode separar essas áreas de pesquisa. Partindo do modelo genealógico assexuado e uniparental da *Stammbaum* taxonômica, proposta no século XIX por August Schleicher para a diversificação das línguas indo-europeias (e como elas se interconectam geneticamente), tanto genético-linguistas quanto histórico-dialetólogos têm tratado crioulos e pidgins tacitamente como excepcionais. Frequentemente não fica claro se eles realmente abandonaram a posição dos linguistas históricos do século XIX que criticavam Hugo Schuchardt por "perder seu tempo" com o que consideravam aberrações e fenômenos inaturais.

Aqueles entre nós que têm tratado crioulos e pidgins como variedades linguísticas tão naturais quanto as de que provieram, bem como o contato linguístico como um dos fatores ecológicos que influenciam a evolução das línguas, discordam dos pioneiros do século XIX. A emergência dos crioulos e pidgins parece que nos mostra muita coisa não só sobre como as línguas mudam e especiam, mas também sobre os fatores ecológicos que influenciam esses processos evolucionários. Um dos fatores mais importantes nesse cenário parece ser o contato, cujo papel não pode ser negado não apenas na especiação das línguas indo-europeias e do protobanto, por exemplo, ou na diversificação do latim na direção das línguas românicas, mas também na emergência do inglês arcaico a partir de línguas germânicas faladas pelos invasores e colonizadores da Inglaterra no século v. Na verdade, descobertas recentes sobre a evolução filogenética da humanidade e a dispersão do *Homo sapiens* a partir da África cerca de 50 mil anos atrás sugerem que os movimentos de colonização e de população, bem como contatos subsequentes, devem dar conta de modo significativo da emergência da diversidade linguística na humanidade, o que, aparentemente, se deve também à variação interna na forma da língua anterior à dispersão.

Pesquisas sobre a emergência de crioulos e pidgins levaram-nos também a não tratar as línguas como entidades homogêneas, a prestar mais atenção à variação estrutural como parte de ecologias internas, à natureza e extensão da variação tipológica entre línguas em contato, bem como aos padrões específicos de interação social que se deram entre as populações em contato e seus efeitos sobre as línguas do ponto de vista tanto da estrutura quanto da vitalidade. Essas considerações ecológicas nos obrigam a prestar mais atenção aos modos de transmissão, sobretudo se a escola teve algum papel no processo e se isso redundou em uma variedade que não era necessariamente a usada por falantes nativos da língua em questão. Esse fator em si já levanta a questão de se uma língua foi levada aos novos falantes como um vernáculo ou como uma língua franca.

Uma abordagem ecológica à evolução linguística deixa claro o fato de que se trata de um processo complexo. A fim de entender como ela se dá de modo tão diferente de uma ecologia para outra, é preciso enfatizar os falantes e aprendizes das línguas em seus respectivos cenários de interação. As línguas não têm nenhuma vida independentemente de seus falantes, os quais nunca a adquirem fielmente, remodelando-a à medida que se comunicam uns com os outros. Elas se desenvolvem mais ou menos como espécies virais, sujeitas a propriedades ontogenéticas que as distinguem das últimas. Um dos méritos do presente livro encontra-se na decisão de Hildo do Couto de trazer falantes (povos) e o cenário da interação/comunicação para o centro de nossas reflexões sobre a evolução linguística. Eles são a chave para o entendimento não só de como o nheengatu emergiu, se diversificou e entrou em obsolescência no Brasil, mas também de como o português prevaleceu e se diferenciou de seu ancestral metropolitano, do mesmo modo que dá conta do fato de como algumas línguas nativas americanas morreram enquanto outras ainda sobrevivem, independentemente de já se encontrarem ameaçadas.

A noção abrangente, quase holística de "Ecologia da língua" adotada por Hildo do Couto ajuda-nos também a abordar a evolução linguística no Brasil de um modo integrador, começando pelo lugar e o modo como os nativos americanos viviam antes da colonização de suas terras pelos europeus, bem como o papel da fauna e da flora. A abordagem nos leva em seguida a pensar em como a colonização portuguesa se expandiu no Brasil, que atividades econômicas ela fez surgir, como essas atividades desencadearam e/ou afetaram os movimentos de população e os consequentes padrões de interação. A abordagem nos leva também a pensar em como a ecologia socioeconômica local tem evoluído desde que o Brasil se tornou independente de Portugal.

Se a Ecolinguística é definida como o estudo das relações da língua com sua ecologia, ainda fica o desafio de articular bem o que é ecologia de uma língua e se seus diferentes componentes se relacionam diretamente com ela. O triângulo interativo que Couto propõe, ou seja, língua, território e população, é, definitivamente, um convite a uma reflexão mais acurada e empiricamente fundamentada, lembrando-nos que, entre outras coisas, tanto população quanto território são internamente estruturados, sendo que as línguas variam muito no contexto criado pelas estruturas territoriais e demográficas, dependendo de como eram quando foram trazidas para o novo território, quem mais se apropriou delas, sob que condições particulares de interação, bem como que usos os novos falantes fizeram delas. Nesta nova e importante contribuição à literatura ecolinguística, Hildo do Couto nos fornece um arcabouço para examinar a prática e a evolução linguística no Brasil de uma perspectiva nova e enriquecedora. Ele nos leva a refletir sobre como vários fatores ecológicos moldaram o português, pelo intermédio da população, bem como deram lugar a estruturas e vitalidades diferenciadas nas outras línguas do Brasil. Este é um livro que nenhum estudioso de evolução linguística em contextos (ex-) coloniais pode ignorar.

*Salikoko S. Mufwene*
The Frank J. McLoraine Distinguished Service Professor
of Linguistics and the College
Professor, Committee on Evolutionary Biology
University of Chicago

# Introdução

Numa época de crescente globalização, em que cada vez mais indivíduos visitam povos de línguas diferentes da sua ou em que indivíduos migram para o território de falantes de outra língua, o contato de línguas é um fato altamente recorrente. É dele que vou tratar no presente livro. A base teórica foi erigida partindo de conceitos da ecologia biológica. Como veremos no capítulo "Linguística, Ecologia e Ecolinguística", um desses conceitos é o de **ecossistema**, que é encarado como um todo (**holismo**). Ele é constituído por uma **diversidade** de **organismos** (animais e vegetais), num constante processo de **inter-relações**, tanto dos organismos com o **meio ambiente** quanto deles entre si. Meio ambiente e organismos fazem parte do ecossistema. Como veremos no lugar apropriado, contato de línguas é basicamente inter-relação, ou comunicação, no caso, entre povos aloglotas. O ecossistema, por seu turno, é um sistema dinâmico, em constante **evolução**, que é justamente o que ocorre com as línguas nas situações de contato.

Após essa exposição das bases ecológicas da argumentação, passo a conceituar o que veio a ser chamado de **Ecolinguística**, que é justamente o estudo das relações entre língua e meio ambiente. Com isso, faz-se necessário definir o que se entende por língua, meio ambiente da língua, bem como por interações entre língua e seu meio ambiente. O equivalente de ecossistema nos estudos linguísticos é o que passou a ser conhecido como **Ecossistema Fundamental da Língua** (EFL), constituído por um **povo** (população da ecologia), habitando determinado **território** (biótopo). Tudo o que acontece na língua se dá dentro desse contexto. Em seu interior, o habitat (nicho)/biótopo, juntamente com a população, constitui o **meio ambiente da língua**, no sentido mais amplo. Esse ecossistema maior se desdobra em três outros menores, ou seja, o **ecossistema social, o mental e o natural da língua**, no interior de

**12** Linguística, ecologia e ecolinguística

cada um dos quais a língua tem o respectivo meio ambiente, ou seja, o **meio ambiente social, o mental e o natural da língua**. Como na própria Ecologia, também na Ecolinguística às vezes se usa ecossistema por meio ambiente e vice-versa, uma vez que o contexto desfaz qualquer ambiguidade.

Sabemos que o que interessa à Ecologia não são os organismos em si nem o seu meio ambiente em si, mas as inter-relações que se dão entre eles. Por esse motivo, o capítulo seguinte do livro ("Ecologia da Interação Comunicativa") trata justamente das inter-relações verbais que se dão entre os organismos (pessoas) do EFL. Por outras palavras, nesse capítulo tratarei da **Ecologia da Interação Comunicativa** (EIC). Veremos que a interação é a base da dinâmica das línguas, exatamente como ocorre com as inter-relações entre os organismos das sociedades da Ecologia. É ela que faz surgir a língua, assim como é ela que a faz viver e sobreviver. Uma língua é viva na medida em que é usada em **Atos de Interação Comunicativa** (AIC) em determinada comunidade. Se, e quando, ela deixa de ser usada nessas circunstâncias, passa a ser uma língua morta. Esta pode até ser mumificada e continuar a ser usada ritualmente, mas nunca como o meio de comunicação de uma comunidade, embora ela possa ser planejadamente revivida, como aconteceu com o hebraico.

No capítulo "Conceituando contato de línguas", trato do assunto principal do livro, ou seja, o contato de línguas, de uma perspectiva teórica. Veremos que, na verdade, o contato é uma constante na dinâmica das línguas. Quando não pelo fato de ele ser um tipo de interação, que é universal. Na Física, por exemplo, o mundo é constituído de matéria e movimento, ou matéria em movimento, ou movimento da matéria. Além disso, a interação é também a base da Ecologia, embora sob o rótulo de inter-relação. Aliás, contato de línguas não é nada mais nada menos do que comunicação ou, pelo menos, tentativas de comunicação entre povos falantes de línguas mutuamente ininteligíveis.

Para os neogramáticos, a mudança linguística era basicamente uma questão interna, ou seja, era motivada intralinguisticamente. Veremos que isso não é verdade. É a dinâmica das inter-relações que se dão no interior do EFL e das que se dão entre um EFL e outro (ou outros) que determina a **evolução linguística**. É por isso que o capítulo subsequente se intitula "Ecologia da evolução linguística". Como autores até muito distantes da concepção ecolinguística reconheceram, toda mudança linguística tem a ver com o contato (inter-relação, interação), sob as diversas formas que ele se apresenta. Veremos que, com as devidas reservas, podemos concordar com August Schleicher em que as línguas nascem, crescem e morrem.

Os processos de atrição, obsolescência e morte de língua (**glototanásia**) são o assunto do capítulo "Obsolescência e morte de língua". Veremos que toda língua passa por um processo semelhante ao nascimento, crescimento e morte dos organismos vivos. Só que ela não é equiparável ao organismo, mas à espécie, como muito bem demonstrou Mufwene (2001). Frequentemente línguas minoritárias são devoradas por línguas mais poderosas, como o português devorou cerca de mil línguas ameríndias aqui no Brasil em apenas 500 anos. Entre as que sobreviveram, a maioria está em avançado processo de obsolescência, o que significa que, se não houver uma força externa que freie o processo, dentro de alguns anos estarão extintas. Algumas já estão moribundas; outras estão dando os últimos suspiros.

Felizmente, nem sempre a língua mais forte (econômica, política e militarmente) consegue se impor na íntegra, devorando a(s) língua(s) dominada(s). É o que aconteceu nos casos de **pidginização** e **crioulização**, estudados no capítulo "Pidginização e crioulização". Isso se deu principalmente na colonização da África, Ásia, América e Oceania pelas potências europeias. Por exemplo, da intervenção da língua portuguesa em algumas dessas regiões surgiram os crioulos de Cabo Verde, da Guiné-Bissau, de São Tomé e Príncipe e outros. Da colonização espanhola surgiram o papiamentu (Aruba, Bonaire e Curaçao), o palenquero da Colômbia, o chabacano das Filipinas, além de outras variedades menores. O inglês provocou o surgimento do jamaicano, do krio (Serra Leoa), do tok pisin (Papua-Nova Guiné) e de muitos outros. O francês deu lugar ao haitiano, ao mauriciano (ilha Maurício), ao guianense (Guiana Francesa). Quanto aos pidgins, a maioria deles surgiu da intervenção do inglês nas regiões mencionadas. Entre eles poderíamos mencionar o Chinese Pidgin English, o Hawaiian Pidgin English e o Cameroons Pidgin English.

Pode acontecer também de o contato de povos e línguas provocar a convivência de línguas em uma mesma região ou país/Estado. Este assunto será tratado no capítulo "Multilinguismo", que engloba o **bilinguismo**. Veremos que praticamente não há países unilíngues no mundo. O mais comum é haver um alto grau de multilinguismo, como o caso da Índia, discutido no referido capítulo. Veremos também que os representantes do Estado normalmente veem no multilinguismo (e até no bilinguismo) um estorvo a uma desejada (por eles) unidade linguística. Normalmente não é visto como uma manifestação de diversidade cultural, portanto, de riqueza. O objetivo dos aparelhos de Estado é sempre reduzir o multilinguismo.

Semelhante ao multilinguismo, temos o **multidialetalismo**, estudado no capítulo de mesmo título. Praticamente tudo o que se diz do primeiro vale igualmente para o segundo. Isso se deve ao fato de não haver uma distinção clara entre língua e dialeto. Tanto que já se disse que língua é um dialeto com uma marinha e um exército. Vale dizer, uma variedade linguística é chamada de língua se tem força para se impor como tal. Caso contrário, pode continuar sendo chamada de dialeto, mesmo que quem a chama assim não saiba por quê. É uma questão política, não científica.

No que tange às **situações fronteiriças**, estudadas no capítulo que porta exatamente esse nome, se há um rio ou uma cadeia de montanhas separando as duas partes, enquadram-se no quarto tipo de contato estudado no capítulo "Conceituando contato de línguas", ou seja, aquele em que membros de cada povo e respectiva língua se deslocam de vez em quando ao território do outro povo. Mas a situação fronteiriça estudada aqui, de Chuí/Chuy, é do tipo em que não há nada separando as duas partes. Parto da concepção ecolinguística de que nesse caso se trata de um único ecossistema, mesmo que transicional, entre dois outros ecossistemas maiores, ou seja, trata-se de uma única **comunidade de fala**. Um dos principais argumentos é o de que há uma continuidade entre os dois lados (só uma avenida separa Brasil e Uruguai); uma vista aérea nos revela uma única cidade. Um segundo argumento é a atitude dos membros da comunidade. Para eles é "uma coisa só". Quem mora de um lado não considera o morador do outro lado da avenida como alguém de "outra" cidade.

Por fim temos o capítulo dedicado às chamadas "**ilhas linguísticas**". As ilhas linguísticas (IL) são uma das situações mais interessantes para se estudar o contato de línguas. Praticamente tudo o que discuto nos demais capítulos pode ser averiguado nelas. Exemplificarei com as IL alemãs do Sul do Brasil e com as ameríndias. Por fim, temos a "Conclusão".

Gostaria de terminar esta "Introdução" com um comentário sobre as referências bibliográficas. Eu já fui criticado por incluir referências bibliográficas em demasia em meus livros e artigos, como se dar muitas informações ao leitor fosse um defeito. Pois bem, no presente livro, optei por incluir um mínimo de referências no corpo do texto, bem como na "Bibliografia". Em vez disso, incluo, no final de cada capítulo, algumas das principais **leituras recomendadas** para o assunto em questão, às vezes com informações adicionais.

# Linguística, Ecologia e Ecolinguística

Antes de entrar no assunto principal do livro, é importante estabelecer algumas balizas, definir alguns conceitos, a fim de preparar o terreno, delimitando algumas noções básicas para tudo o que será dito nos capítulos subsequentes. Como já salientado antes, as bases epistemológicas em que me apoio são tiradas da Ecologia Biológica. Assim sendo, faz-se necessário apresentar uma conceituação das duas disciplinas básicas, ou seja, Linguística e Ecologia, antes de passar à apresentação da jovem disciplina Ecolinguística, que é uma espécie de ligação entre as duas primeiras.

Como acontece com praticamente todas as ciências sociais, é muito difícil definir **Linguística**. Uma conceituação que eu venho adotando há muitos anos é a de que ela é o estudo de como os membros de uma comunidade comunicam entre si, tanto oral como gestualmente, para incluir as línguas de sinais dos surdos. Está claro que não se trata da definição ideal, se é que ela existe. Alguns autores argumentariam que há também a escrita, entre outras modalidades da linguagem humana. Em alguns casos até que a Linguística poderia se dedicar a ela. No entanto, é importante lembrar que a representação escrita é posterior à verdadeira linguagem, que é a oral (ou gestual). Na história da humanidade, durante milhares de anos só foi usada a linguagem falada e a gesticulada. Só em época relativamente recente é que começaram a surgir sinais gráficos para representá-las, sobretudo a primeira. Até hoje subsistem diversos grupos étnicos em cujo seio só se usa a língua falada. A criança começa a falar, e assim permanece até a idade escolar. A escrita é uma pálida tentativa de representar a verdadeira linguagem, que é a falada (ou a gestual). Nesse sentido, nem o código braille apresenta muito interesse para o linguista, uma vez que ele é derivado da escrita. De maneira um tanto circular, podemos dizer que **língua** é o como os membros de uma comunidade de língua comunicam entre si. Voltarei a esse assunto em breve.

**16** Linguística, ecologia e ecolinguística

As dificuldades na definição de Linguística não param por aí. Para começo de conversa, há inúmeras teorias, modelos e hipóteses. Alguns deles se dedicam à descrição de línguas específicas, como é o caso do estruturalismo. Outros, como a Gramática Gerativa, procuram desvendar a capacidade humana para a linguagem, embora não descure do aspecto descritivo. Ambos estão voltados para o sistema. No entanto, o sistema não existe no ar. Ele está na cabeça dos indivíduos que compõem a comunidade, como veremos ao falarmos sobre o meio ambiente mental da língua. Por outro lado, esses indivíduos só formaram e mantêm esse sistema em seus cérebros por estarem inseridos na comunidade e por interagirem nela, como veremos ao discutirmos o meio ambiente social da língua. Portanto, o *locus* do sistema pode ser buscado no cérebro/mente do indivíduo, como faz a Gramática Gerativa, ou na comunidade, como faz o estruturalismo, sobretudo o que surgiu na esteira das ideias de Saussure. Para a Ecolinguística, ele está em ambos. Imediatamente, está na cabeça de cada indivíduo. Mediatamente, está na comunidade. Tanto o indivíduo quanto a coletividade estão situados em determinado lugar do espaço, que será chamado de território.

Do ponto de vista do sistema, pode-se estudar na língua a sintaxe, a morfologia, a fonologia, o léxico e a semântica. Mas grande parte dos estudiosos da linguagem humana se dedica aos seus aspectos sociais, ou relaciona sistema e aspectos sociais. Entre as orientações que procuram ligar a estrutura da língua com o contexto social em que ela é falada temos a Sociolinguística, que apresenta diversas ramificações, como a quantitativa e algumas tendências mais qualitativas, etnográficas. Entre as que se atêm aos aspectos sociais, temos a Análise do Discurso que, também ela, se apresenta sob diversas orientações teóricas. Há muitas outras ramificações dos estudos linguísticos, mas eu gostaria de mencionar apenas mais uma, ou seja, a Filosofia da Linguagem, talvez a primeira que tenha surgido, como se vê nas reflexões dos gregos sobre o assunto.

Adiantando uma categoria da Ecologia, poderíamos dizer que a resposta à questão sobre o que é língua depende da pergunta que fizermos: se fizermos uma pergunta de natureza social, ela se nos apresentará como um fenômeno social; se fizermos uma pergunta de cunho mental, ela se nos apresentará como fenômeno mental. Exatamente como acontece com a questão partícula ou onda na física subatômica. O que a língua é depende de como a olhamos. A Gramática Gerativa, que vê nela apenas uma estrutura inscrita na mente/cérebro, está certa porque faz perguntas apenas mentais. A Análise do Discurso, que vê nela apenas textos resultantes da interação dos falantes entre si, ou até a ideologia subjacente a esses textos, também está certa porque faz perguntas do âmbito social, crítico.

Vejamos agora o que vem a ser **Ecologia**, a partir da qual, como já dito, tentarei construir os fundamentos epistemológicos de tudo o que será dito sobre contato de línguas e suas consequências. Qualquer manual de introdução a essa ciência ou, mais geralmente, à Biologia diz mais ou menos o seguinte: Ecologia é o estudo das inter-relações entre os seres vivos e entre eles e seu meio ambiente. Logo a seguir, vem o conceito central da Ecologia, ou seja, **ecossistema,** que é o conjunto formado pelos seres vivos e seu meio ambiente, considerados como um todo, e suas inter-relações. Dentro desse ecossistema, o que interessa ao ecólogo não são os **organismos** vivos em si (objeto da biologia), mas as **inter-relações** que se dão entre eles, por um lado, e entre eles e o meio (biótopo), por outro lado. É interessante notar que, como a realidade é um *continuum*, os limites do ecossistema são definidos pelo observador. Como já dizia um dos primeiros autores a fazer uso do conceito, ou seja, Tansley, os ecossistemas definíveis vão desde o universo, passando pelo planeta Terra, uma planície ou um vale, até o átomo. Com isso, outra característica do ecossistema é a **porosidade**, ou seja, o fato de não haver descontinuidade entre um ecossistema e os que estão adjacentes ao que foi demarcado. O investigador pode delimitar qualquer ponto do *continuum* como o ecossistema que vai investigar. Essa característica será muito importante para entendermos o que será discutido sobretudo no capítulo "Situações fronteiriças." Enfim, o ecossistema é uma totalidade, só que uma totalidade dinâmica e de contornos fluidos, porosos.

Como já adiantado na "Introdução", às vezes os conceitos de "ecossistema" e "meio ambiente" se intercambiam. Para evitar ambiguidade, pode-se precisar que, na verdade, é no interior do ecossistema que os organismos se inter-relacionam com seu meio ambiente. Vale dizer, organismos e meio ambiente estão incluídos no ecossistema.

Há muitos outros conceitos da Ecologia que são importantes para a discussão. O primeiro deles é o de **diversidade**, implícito também no de ecossistema, uma vez que tem que haver nele muitas (diversas) espécies diferentes a fim de que elas se inter-relacionem. Quanto mais espécies houver, mais rico, forte e duradouro ele será. O contrário também é verdadeiro: quanto menos espécies, mais pobre e vulnerável o ecossistema. A Ecologia Social

## 18 Linguística, ecologia e ecolinguística

enfatiza justamente esse conceito, defendendo a diversidade étnica, social, cultural, linguística e outras. Um segundo conceito é o de **totalidade**, em outros contextos conhecida como **holismo**. A totalidade está implícita na própria noção de ecossistema. O terceiro conceito muito importante até mesmo para Darwin é o de **adaptação**. Os organismos estão sempre se adaptando ao meio ambiente ou adaptando o meio ambiente a si, sobretudo os organismos mais evoluídos. O objetivo é sempre o equilíbrio interno e externo do próprio organismo. Os organismos que não o fazem extinguem-se. O objetivo é manter o organismo ou o ecossistema em **homeostase**. Esse princípio explica diversos fatos da dinâmica das línguas. Assim, o surgimento de novas palavras em determinada língua sempre tem por objetivo adequá-la a novas condições socioambientais, ou seja, atender a novas necessidades comunicativas e expressivas. Aprender uma segunda língua é adaptar-se a uma nova comunidade de fala e respectiva comunidade de língua. A formação de um pidgin também resulta de uma tentativa de adaptação de falantes de línguas mutuamente ininteligíveis. Temos ainda **evolução**, na qual a presença de uma espécie pioneira pode levar à **sucessão ecológica** que pode culminar em uma **comunidade clímax**, mais ou menos o que ocorre na formação dos crioulos.

Poderíamos mencionar ainda comunidade biológica, habitat, nicho ecológico, população, sociedade e colônia, entre outros. **Comunidade biológica**, ou **biocenose**, é o conjunto formado por todos os seres vivos que convivem em determinado território. **Habitat** é o local em que vive determinada espécie. O **nicho**, ou **nicho ecológico**, é o lugar de uma espécie na comunidade, em relação às demais espécies, é o papel que desempenha um organismo no funcionamento de um sistema natural. Quanto a **população**, é o conjunto de indivíduos da mesma espécie que convivem no mesmo espaço territorial. No que tange ao conceito de **sociedade,** trata-se de grupos de organismos da mesma espécie que convivem em determinado território e que cooperam entre si, formando um todo relativamente coeso. A **colônia** também é constituída de indivíduos que convivem em determinado território e cooperam entre si. A diferença dela relativamente à sociedade é que, na colônia, os indivíduos formam um conjunto integrado em que às vezes é difícil distinguir-se um organismo do outro. Formam por assim dizer uma espécie de "superorganismo". Como exemplos poderíamos citar a caravela-portuguesa (*Physalia pelagica*), a alga filamentosa (*Spirogyra*), os corais e alguns fungos.

São grupos de indivíduos que só funcionam juntos, dando a impressão de o conjunto ser um único organismo. Aparentemente, não há equivalente na sociedade humana. Se ele existe, ainda não foi descoberto.

Em síntese, ecossistema é o conceito central da Ecologia. Nele, o que importa são as interações, ou inter-relações, que se dão entre seus componentes. Para que ele tenha vitalidade, e para que haja muitas inter-relações, é necessário que haja uma grande diversidade de espécies. Tudo mais decorre dos conceitos fundamentais, sobretudo ecossistema, população, inter-relações e diversidade.

Passemos ao terceiro termo do título deste capítulo, **Ecolinguística**. Ela tem sido definida como o estudo das relações entre língua e meio ambiente. Para entender essa definição, é preciso partirmos do equivalente linguístico do ecossistema. Alguns investigadores têm defendido a tese de que o meio ambiente da língua, ou seja, o ecossistema em que ela se insere, é a sociedade em que ela é falada. No entanto, investigações mais recentes têm mostrado que ela é apenas um dos ecossistemas da língua. Na verdade, a língua tem um ecossistema maior, que se decompõe em três ecossistemas menores. Por isso, comecemos pelo equivalente linguístico maior do ecossistema ecológico.

Quando um leigo ouve o nome de uma língua que lhe é desconhecida, uma primeira pergunta que lhe vem à mente é quem a fala. A segunda pergunta é onde ela é falada. Pode acontecer de a ordem das perguntas se inverter, o que dá no mesmo. Em sua visão, para que haja uma **língua** (L) é necessário haver um povo ou **população** (P) que a forme e use, sendo que esse povo tem que viver e conviver em determinado lugar ou **território** (T). Para ele vale o princípio **uma língua, um povo, um território**, a despeito do fato de isso lembrar um dito nazista, com o qual nada tem em comum. A totalidade formada por P, T e L passou a ser chamada de EFL, também conhecido como comunidade. Destacando a língua em seu interior, temos que o povo e o território constituem o seu meio ambiente (MA), ou seja, o MA **fundamental da língua.** O EFL pode ser representado como se vê na Figura 1, em que P se equipara à população de organismos e T ao habitat, biótopo e até ao nicho da Ecologia. Quanto a L, equivale às inter-relações que se dão entre os organismos da mesma espécie que formam a população. É por isso que a língua pôde ser definida como sendo o modo de os membros da comunidade comunicarem entre si.

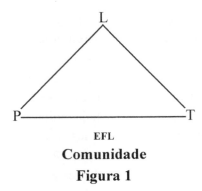

EFL
**Comunidade**
**Figura 1**

O conceito de EFL lembra muito o de *speech community* (comunidade de fala), por oposição a *language community* (comunidade de língua), do inglês. Mas, são a *Interaktionsgemeinschaft* (comunidade de interação) e a *Kommunikationsgemeinschaft* (literalmente "comunidade de comunicação"), da Linguística alemã, que mais se aproximam dele. Ele foi antevisto também no signo de Peirce, na psicologia de Kurt Lewin, bem como em alguns linguistas alemães e dinamarqueses. Independentemente de precursores históricos, o conceito é intuitivo e, como tal, um tanto óbvio. A tal ponto que não tem merecido a atenção dos linguistas ortodoxos. Àqueles que acham que o conceito de EFL é demasiadamente óbvio, simples, seria interessante lembrar o que disse Noam Chomsky. De acordo com ele, "é importante aprendermos a nos surpreender com coisas simples – p. ex., pelo fato de que os corpos caem para baixo, não para cima, e que caem a uma determinada velocidade; de que, se empurrados, movem-se em uma superfície em linha reta, não em círculos, e assim por diante". Essas ideias simples podem levar-nos "a descobertas surpreendentes, embora os fatos sejam inteiramente óbvios para nós" (Chomsky, 1988: 43).

Para outras pessoas, esse modelo, como qualquer modelo, é uma idealização, como a mal compreendida idealização de Chomsky (1965: 3), "um falante ideal numa comunidade inteiramente homogênea". É importante observar que, sem idealizações, é impossível estudar as comunidades concretas, complexas. A Física é toda feita de idealizações. Por que os linguistas deveriam ter medo delas? No devido lugar, o conceito de EFL pode e deve ser usado. Afinal, modelos não são a realidade; eles são modelos e, como tais, são necessariamente abstrações. Eles são como os instrumentos de medição.

Chomsky acrescenta que "a ciência começa quando você compreende que para encontrar a realidade você tem que se afastar dos fenômenos" (Chomsky, 1997: 184). Algo semelhante já fora dito por Marx, que parte de uma visão de mundo diametralmente oposta.

Sendo o EFL o ecossistema maior e imediato em que a língua se insere, toda língua protótipica tem que se enquadrar nele. As que não se enquadrarem serão de alguma forma atípicas, por lhes faltarem os falantes (P) ou um território próprio (T). No primeiro caso, tratar-se-ia de uma língua morta, como o latim e o sânscrito; no segundo, de uma língua franca, não materna de ninguém, como os pidgins, por exemplo. De qualquer forma, situações protótipicas, que atendem a idealização do EFL são raras hoje em dia; o que prevalece é o multilinguismo. Mas subsistem em algumas línguas de grupos étnicos da América e da Ásia, como a língua dos tasaday das Filipinas. Talvez possamos incluir aí também alguns grupos da África, da Oceania, do Oceano Índico, bem como a Islândia.

Vejamos quais são os três subecossistemas da língua que emergem do ecossistema maior EFL, ou seja, o ecossistema social, o mental e o natural, no interior dos quais a língua está em relação com, respectivamente MA social, MA mental e MA natural. Comecemos pelo **ecossistema social da língua.** Ele é constituído pela língua em relação aos membros de P, organizados socialmente, ou seja, o equivalente da sociedade da Ecologia. No interior desse ecossistema, a língua tem seu MA específico, ou seja, o **MA social da língua.** A começar do precursor da Ecolinguística, Einar Haugen, a esmagadora maioria dos estudiosos, como os já mencionados, se dedica ao estudo das relações entre a língua e respectivo meio ambiente social. Um dos assuntos mais estudados nesse contexto são o bilinguismo e o multilinguismo, com todos os problemas que suscitam. No caso do bilinguismo/multilinguismo societário, que é o que interessa aqui, surgem questões como a determinação da língua padrão ou estatal, por oposição a línguas nacionais e dialetos. A maioria dos países do mundo é multilíngue, como é o caso da Índia. Aqui entra também o tópico principal do presente livro, o contato de línguas e seus resultados, como a pidginização e a crioulização, entre outros estudados nos capítulos subsequentes, como a obsolescência e a atrição linguísticas, que podem levar à morte de uma língua.

É o conceito ecológico de diversidade que tem dado lugar à esmagadora maioria dos estudos que se enquadram nas relações da língua com o MA social. Sobretudo na Rio-92, emergiu o conceito de biodiversidade que, mais tarde,

**22** Linguística, ecologia e ecolinguística

foi estendido à diversidade linguística (**linguodiversidade**), num sentido diametralmente oposto ao do rolo compressor padronizador da globalização. Nesse caso, o valor de uma língua não depende do número de falantes nem de seu poder socioeconômico. Toda língua veicula uma visão de mundo, uma tecnologia única, que desapareceriam com ela. Por isso, os ecolinguistas defendem as línguas minoritárias e as ameaçadas de extinção. Sobretudo Fill (1993) combate a ideia de que o importante é ser grande (**grandismo**) e crescer (**crescimentismo**), que levam ao culto do desenvolvimento (**desenvolvimentismo).** Como disse o criador da Hipótese de Gaia (de que a Terra é um organismo vivo), "uma diversa cadeia de predadores e presa é um ecossistema mais estável e mais forte do que uma única espécie autossuficiente, ou um grupo pequeno de cruzamento limitado" (Lovelock, 2001: 41).

Tem se mostrado que esse desenvolvimento beneficia uma pequena minoria, tendo como consequência o empobrecimento de grandes contingentes da população, a favelização no Terceiro Mundo e a degradação do meio ambiente. Além disso, como nesse conceito de desenvolvimento o importante é consumir muita mercadoria, muitos indivíduos têm feito qualquer coisa para conseguir acesso às bugigangas que o mercado nos impinge. Cada indivíduo quer conseguir o que acha que é bom para si, custe o que custar. Aí valem roubos, assassinatos, assaltos, desvios, drogas, corrupção. Trata-se de um individualismo exacerbado, que tem levado a uma degradação das relações entre as pessoas. Não existe mais o próximo, mas apenas o estranho.

Na mesma linha de pensamento, os estudiosos têm combatido quase todo tipo de -*ismo*. Começando pelo **antropocentrismo**, que considera os humanos como os reis da criação, como já dizia Protágoras. Tudo mais existe para que eles usem e abusem. Por isso, acham-se no direito de matar seres vivos por prazer (caça). Matam até seres da própria espécie com requintes de crueldade. Seres de nenhuma outra espécie fazem isso, o que tira dos humanos qualquer direito à veleidade de se considerarem mais importantes do que os demais seres. Apesar disso, usam conceitos relacionados com outros animais pejorativamente. É o caso de termos como *animalesco, bestial, selvagem, simiesco, burro* e *porco*. Isso é uma grande ofensa aos referidos animais, uma vez que entre eles não há psicopatas que estupram e matam, com requintes de crueldade.

Em seguida vem o **etnocentrismo**, segundo o qual o bom e correto é o que existe em minha cultura; o que há de diferente nas demais culturas está errado. Os próprios gregos já diziam que todos os demais povos eram bárbaros, não eram "civilizados" como eles. Afirmar que Europa, Estados Unidos e Japão são desenvolvidos e que África é subdesenvolvida também se insere nesse contexto. Essa ideologia tem levado a uma intolerância entre povos que frequentemente dá lugar a guerras e outros conflitos. Enfim, há muitos conceitos e atitudes que revelam etnocentrismo.

Fala-se também em **classismo**, ou **aulicismo**, que consiste em considerar o que é da cidade, urbano, como bom, requintado, que tem "urbanidade", "civilidade" (de *civis* "cidade"), ao passo que o que é da zona rural é "rude", "rústico", palavras que têm a mesma raiz que "rural". Antigamente, os habitantes da corte eram "corteses", enquanto os habitantes da vila eram "vilões". No Brasil, termos como "caipira", "capiau" e "jeca" são todos pejorativos, são associados a "atraso", estão distantes do "desenvolvimento." Entretanto, é na cidade que existe a hipocrisia de se usarem eufemismos para se referir a determinadas partes do corpo ou atos fisiológicos. Assim, o pudor hipócrita dos urbanitas fez surgir termos para bunda (bumbum), cu (ânus), cagar (fazer cocô), mijar (fazer xixi) e assim por diante, como se ao evitar a palavra estivessem suprimindo algo desagradável, como o referente ausente de Adams (1991).

O **androcentrismo** também se manifesta linguisticamente. Em uma sala de aula de cinquenta estudantes, se apenas um for do sexo masculino, dir-se-á "os alunos". Tudo o que se refere ao órgão sexual masculino é usado de modo "engrandecedor", tanto que muito homem vive pegando nele, mesmo em público, a fim de checar sua "masculinidade". Termos como "caralho" e "cacete", são usados em expressões como "grande pra caralho/cacete" como aumentativos. Mais recentemente, os jovens introduziram a expressão "carai, véi!" O órgão da mulher, por seu turno, é frequentemente mencionado de modo pejorativo: "pererreca", "perseguida", embora haja também "florzinha". Sob a forma de **machismo**, o homem "come" a mulher, que "dá" para ele ou, então, ele "mete" nela. O ato sexual é algo que ele faz nela, não algo que os dois fazem para o prazer de ambos.

Tem-se criticado o discurso de grandes empresas multinacionais, cuja ação é nociva ao meio ambiente, que querem passar-se por defensoras dele. Por exemplo, quando uma empresa de petróleo anuncia que baixou os preços como algo bom, está omitindo que isso levará ao aumento do uso de veículos.

**24** Linguística, ecologia e ecolinguística

A consequência será mais dióxido de carbono no ar, que contribuirá para aumentar o buraco na camada de ozônio que protege a vida na Terra dos raios ultravioletas, contra o efeito estufa e assim por diante, além dos inevitáveis congestionamentos. Uma firma produtora de agrotóxicos se vangloria de que seus produtos levam a um aumento na produção de soja, por exemplo, omitindo o fato de que seu produto mata os microrganismos do meio ambiente, o que causa uma reação letal em cadeia, além de a soja ser produzida não para alimentar o povo, mas para exportar para Japão e China, a fim de dar lucros ao grande produtor que, frequentemente, deposita o dinheiro nas ilhas Cayman ou na Suíça.

Enfim, esses são alguns dos tópicos que se tem estudado, entre diversos outros que se abrigam sob a rubrica ecossistema (e respectivo MA) social da língua. O que fiz aqui foi apenas dar uma ideia do que se tem feito.

No que tange ao **ecossistema mental da língua**, trata-se da totalidade formada pela língua e suas inter-relações com o cérebro/mente, ou melhor, com as redes de conexões neurais. No interior desse ecossistema, podemos considerar a língua em relação a essas redes, que constituem o MA **mental da língua**. Na verdade, o cérebro e a mente são apenas uma parte desse ecossistema. Ele compreende o sistema nervoso central e o periférico. É um dos mais difíceis de se estudar, quando não pelo fato de requerer aparelhagem sofisticada. No entanto, ele já vem sendo estudado parcelarmente por ciências como a Neurolinguística e outras neurociências, pela Psicolinguística, pela Biolinguística e pelo conexionismo, entre outras. A Neurolinguística, por exemplo, investiga processos de aquisição (formação), processamento e desestruturação da linguagem. Enfim, no ecossistema mental da língua estão questões como o modo pelo qual a língua é formada, armazenada, processada e transformada. Até hoje ainda não se chegou a uma compreensão plena de quais são os mecanismos cerebrais que estão envolvidos, por exemplo, no uso dos sons, do léxico, da morfologia, da sintaxe e outros aspectos da língua. No entanto, alguma coisa valiosa já sabemos sobre as relações que se dão entre língua e cérebro/mente, vale dizer, entre L e MA mental da língua. Entre os dados que já se conhecem, temos a localização dos processos linguísticos, ou seja, o conhecido fenômeno da **lateralização**, descoberto por Pierre Broca (1824-1880). Ele foi o primeiro investigador a constatar a dominância do hemisfério esquerdo na articulação da língua. Por "dominância" deve-se entender que os processos linguísticos se dão preferencial e majoritariamente nesse hemisfério, o que não significa que o hemisfério direito também não seja ativado de alguma forma. Talvez pelo fato de que, como constatara ainda Broca, produzir e entender linguagem envolve tarefas cognitivas diferentes. Outra constatação já antiga sobre as relações da linguagem com o cérebro foi feita por Carl Wernicke (1848-1905). Ele concluiu que as imagens sonoras estavam localizadas no lóbulo temporal esquerdo, posterior ao córtex auditivo primário.

As pesquisas de Broca foram feitas com pacientes afásicos. Nos anos 1960, encetaram-se estudos do comportamento linguístico de adultos normais. Esses estudos confirmaram em grande parte suas constatações. Encontraram-se novas evidências a favor da especialização sinistro-lateral. O processamento de sinais da fala se dá prioritariamente no hemisfério esquerdo, ao passo que o processamento dos demais sinais se dá prioritariamente no hemisfério direito. De qualquer forma, há situações em que as coisas se complicam. É o caso dos bilíngues. Os adultos que aprenderam duas línguas no começo de suas vidas ativam regiões do cérebro que se interseccionam, quando processam as duas línguas. Aqueles que aprenderam a segunda língua mais tarde ativam duas regiões distintas do cérebro para as duas, uma região para cada língua.

Nos últimos anos, os estudos neurolinguísticos têm experimentado um notável avanço. Isso foi facultado pela introdução de técnicas não invasivas, mediante as quais se pode ver que partes do cérebro são ativadas durante a fala. Essas técnicas são basicamente de dois tipos: as hemodinâmicas e as eletromagnéticas. As hemodinâmicas são PET (*positron emission tomography*) e FMRI (*functional magnetic resonance imaging*), ambas de ótima resolução espacial, mas de fraca resolução temporal. As técnicas eletromagnéticas são EEG (*electroencephalography*) e MEG (*magnetoencephalograpy*), de excelente resolução temporal, embora não tenham boa resolução espacial. Infelizmente, porém, ainda sabemos muito pouco sobre como os sinais eletrofisiológicos e os hemodinâmicos se relacionam.

Quando se fala em lateralização, em localização da linguagem no cérebro, é preciso entender a afirmação *cum grano salis*. Com efeito,

> os novos estudos sugerem, por exemplo, que não há uma 'área linguística' unificada no cérebro na qual os sinais linguísticos são processados. Sistemas cerebrais diferentes se associam a aspectos diferentes do processamento da linguagem. As áreas de processamento linguístico do cérebro incluem muito mais regiões do que as áreas clássicas de Broca e Wernicke (Kuhl, 2000: 111).

Os itens lexicais não estão armazenados em um único ponto. Como o cérebro é uma complexa rede de conexões entre neurônios, os conceitos associados a cada um desses itens é apenas um ponto (nó) em que uma série dessas conexões se sobrepõe. Como diz Lamb (2000: 177),

> o nó para uma categoria conceptual parece ter conexões para/de um grande número de nós que representam suas propriedades, para/de outros nós conceptuais e para/de outros subsistemas. Por exemplo, conceitos para categorias de objetos visíveis têm conexões com nós da área visual; os de categorias de objetos auditivos, para/de nós da área auditiva e assim por diante. Tomando o conceito $^c$gato, por exemplo, temos conexões visuais relativas à aparência dos gatos, conexões auditivas para "miau" e outros sons feitos pelo gato, conexões táteis para o que sentimos ao tocá-lo. Além disso, há conexões para outros conceitos que representam informação sobre gatos no sistema de informação da pessoa em cujo sistema essas conexões se formaram. [Assim sendo] o conhecimento de uma pessoa sobre gatos é representado no sistema de informação por uma pequena rede, que compreende centenas ou milhares de nós, incluindo uma rede visual para traços visuais, uma rede auditiva para o "miau" e assim por diante, todas "mantidas juntas" por um nó coordenador central, ao qual podemos dar o rótulo "$^c$gato"."

A Linguística Neurocognitiva desse autor desenvolveu um sistema gráfico para representar essas conexões, de modo quase icônico.

Quando ouvimos ou lemos uma palavra, nosso cérebro ativa não só essa palavra, mas outras que podem ser-lhe associadas. Isso mostra que nosso conhecimento da língua inclui não apenas as palavras reais (ativadas), mas também as potenciais (inativadas), do mesmo modo que entendemos não apenas as frases que já ouvimos, mas todas as frases possíveis da língua, inclusive as sem sentido, como "ideias verdes incolores dormem furiosamente", fabricada em inglês por Chomsky (*colorless green ideas sleep furiously*). A despeito de ser sem sentido, o conhecimento que temos da língua nos diz que ela está de acordo com as regras de formação de frase do português, que é tão bem formada como "fonemas oclusivos surdos ocorrem frequentemente", ou "garotas altas esbeltas andam elegantemente".

Passemos ao **ecossistema natural da língua**, constituído por L em relação a T e os membros de P, considerados como corpos físicos, ou seja, a totalidade formada pela língua e o mundo físico. Em seu interior, L se opõe ao mundo físico, que é o seu meio ambiente natural, o MA **natural da língua**. Na verdade, algumas das primeiras reflexões sobre a linguagem se inserem nesse contexto, como no famoso diálogo de Platão, *Crátilo*, em que o filósofo Crátilo defendia a ideia de que as palavras refletem de certa forma as coisas que designam, ao passo que Hermógenes defendia a tese oposta, de que as palavras são apenas resultado de uma convenção. Na Linguística essas ideias não têm tido a atenção que merecem. Isso é estranho, uma vez que toda língua é falada por um povo, que consta de indivíduos de carne e osso que têm que viver e conviver em um território definido. O que é mais, a própria matéria que compõe seus corpos físicos provém da natureza, e a língua é uma espécie parasita deles, no sentido biológico, não no sentido social. Diante disso, como é que língua poderia não ter nada a ver com mundo físico, natural?

Além das reflexões filosóficas iniciadas com os gregos, em outras ciências que não a Linguística têm aparecido diversas manifestações sobre a relação entre cultura e MA natural. Entre os convencionalistas, poderíamos citar a corrente de pensamento que vai de Hamann (1730-1788) e Herder (1744-1803) até Humboldt (1767-1835) e Weisgerber (1950), corrente em que se incluiria a semântica geral de Korzybski (1879-1950). Essa corrente de pensamento encara a língua como se ela estivesse entre nós e o mundo, como se pode ver na Figura 2, tomando-se T não apenas por "território", mas por todo o mundo físico.

P      L      T

|---------- | ---------- |

**Figura 2**

Trata-se, como se vê, de uma respeitável tradição. O problema é que essa concepção parte do pressuposto de que "o mundo é construído pela língua", como diz Schaff (1974: 41, 42, 46) referindo-se a outros autores. Ainda de acordo com ele, isso representa uma visão metafísica de nossa relação com o mundo, uma vez que, assim, "a língua [...] é promovida ao papel do criador, do demiurgo do único mundo acessível ao homem", enfim, "o sistema definido de uma língua 'cria' uma imagem do mundo (fora da qual nada pode, entretanto, ser dado no conhecimento)". Ele a chama de "mística e idealista", o que significa que não deve ser seguida em um estudo científico da linguagem. No entanto, Schaff ressalva que há um fundo positivo nessa teoria. Esse fundo é o fato de ela reconhecer que "as diferenças linguísticas equivalem a diferenças na classificação dos objetos do mundo exterior, – o que se projeta em definitivo sobre nossa visão do mundo".

No mesmo sentido, temos, nos Estados Unidos, a tradição que começa com Boas, passa por Sapir e chega a Whorf, culminando na conhecida Hipótese Sapir-Whorf (cf. Schaff, 1974: 89-141). A versão radical dessa hipótese afirma que nossa visão de mundo é determinada por nossa língua. Mas há uma versão mais moderada, que afirma que nossa visão de mundo é influenciada e, até certo ponto, direcionada por nossa língua. Há experiências psicolinguísticas que comprovam essa segunda versão. Por exemplo, se perguntarmos a um falante das línguas tupi e guarani qual é a tradução de "verde" ele dirá que é *obï*. Se perguntarmos qual é a tradução de "azul" ele dirá do mesmo modo que é *obï*. Isso significa que, espontânea e inconscientemente, ele chama a cor do céu e a de uma folha de árvore de *obï*. No entanto, se o questionarmos e perguntarmos se efetivamente as cores do céu e da folha são exatamente iguais ele dirá que, bem, não é a mesma coisa. Quer dizer, se agir sem refletir, dirá que são a mesma coisa, mas se refletir um pouco dirá que são diferentes. Não havendo nada em contrário, ele agirá como sua cultura e sua língua o prepararam para agir, fornecendo-lhe apenas uma palavra para o que chamamos de verde e de azul. Isso significa que ele tem acesso direto ao mundo, sem o intermédio da língua.

Há os que defendem a tese oposta, ou seja, de que somos nós que estamos entre a linguagem e o mundo. Essa tese tem representantes já entre os gregos, como Heráclito, e os místicos orientais, como no pensamento taoísta expresso no *I ching* e no *Tao te ching*. Fora da Linguística, poderíamos citar Montesquieu (1689-1755), com sua teoria de que o clima influencia a cultura e, consequentemente, a língua. O economista fisiocrata Quesnay (1694-1774) equiparava o processo econômico ao sistema sanguíneo. Poderíamos incluir o geógrafo Friedrich Ratzel (1844-1904), todo o materialismo dialético de Marx e Engels, bem como o linguista Marr e o filósofo/linguista Adam Schaff. É bem verdade que há exageros em muitas dessas teorias. No entanto,

> entre o idealismo de Hume que não admite que a liberdade humana possa ser condicionada por fatos de ordem física e o determinismo natural de Montesquieu, de Condorcet e de Comte, que faz do homem um joguete das forças naturais, devemos constatar que a vida humana, sobretudo a econômica, depende em larga medida das condições climáticas, geográficas, geológicas e biológicas em que se encontra (Tonneau 1934: 116).

Essa segunda visão está representada na Figura 3, seguindo a representação do linguista alemão Gerhard Helbig (cf. Helbig, 1975: 118).

```
L          P          T
|-----------|----------|
```

**Figura 3**

De acordo com essa visão, somos nós que nos interpomos entre o mundo e a linguagem. Isso implica que temos acesso direto ao mundo, independentemente de L. Significa também que nós (P) vivemos e convivemos no mundo (T). Formamos L com material tirado do mundo, mesmo porque nós próprios vivemos nele e somos parte dele. Como disse Mufwene (2001), L é parasita de P, no sentido ecológico. De acordo com essa perspectiva, o mundo dá lugar à população, que dá lugar à linguagem, nessa direção. O que leva muita gente a aceitar a primeira visão é o não se dar conta de que, após formada, a língua adquire uma relativa autonomia *vis-à-vis* mundo. É essa autonomia relativa que leva alguns a pensar que só temos acesso ao mundo via língua.

Edward Sapir foi um dos primeiros linguistas a relacionar língua e meio ambiente, inclusive o físico, que para ele compreende "os aspectos geográficos, ou seja, a topografia (costa, vale, planície, chapada ou montanha), clima e regime de chuvas, bem como o que se pode chamar a base econômica da vida humana, a fauna, a flora e os recursos minerais do solo". Em sintonia com a concepção representada na Figura 3, Sapir acrescenta que "o ambiente físico só se reflete na língua na medida em que atuaram sobre ele as forças sociais" (Sapir, 1969: 44-45).

Um linguista moderno que defende esta segunda tese é John Haiman. Para ele, há uma certa iconicidade entre gramática e MA. Às vezes se tem certa motivação na ordem da narrativa, como na famosa frase de César "*Veni, vidi, vici*" (vim, vi, venci). Geralmente, "a ordem das declarações em uma narrativa corresponde à ordem dos eventos que descrevem" (Haiman, 1980: 516). Outro caso é o isomorfismo (tendência a uma relação biunívoca entre *designans* e *designatum*), que seria universal. Após comprovar suas teses com exemplos tirados de diversas línguas, Haiman diz que

> desde a revolução transformacional, tem se afirmado que a estrutura da língua reflete a estrutura do PENSAMENTO, e que o seu estudo [da língua] provê 'uma janela para a mente'. Ao argumentar, como tenho feito, em prol da iconicidade da gramática em geral, eu defendo a tese de que a estrutura do pensamento, por seu turno, reflete a estrutura da REALIDADE mais do que o modismo atual o admite. Por fim, eu acho que sobre muitos (se não todos) os universais formais da sintaxe que atualmente atraem a atenção da maioria dos sintaticistas teóricos,

**30** Linguística, ecologia e ecolinguística

descobrir-se-á que refletem propriedades do mundo, e não propriedades da mente em si. Descobrir-se-á que 'em parte mediante o estudo da sintaxe, poderemos chegar a um razoável conhecimento da estrutura do mundo'" [citando Bertrand Russel] (Haiman, 1980: 537).

Como disseram Ogden; Richards (1972: 52), Heráclito achava que "a estrutura da fala humana reflete a própria estrutura do universo". Enfim, até a gramática tem muito a ver com a ecologia das Relações Espaciais.

Para reforçar a tese de Haiman de que não apenas o léxico de L reflete MA, seria interessante lembrar que na sintaxe o que predomina são relações, como as de inclusão (oração relativa dentro da principal), adjacência (coordenação), superioridade/inferioridade (a principal em relação à subordinada), antes/depois (como na anáfora) etc. Pois bem, todos esses conceitos foram introjetados pela mente humana pelo fato de existirem no mundo coisas que estão assim relacionadas. A relação de inclusão, por exemplo, pode ter a ver filogenética e ontogeneticamente com um caroço dentro da fruta, que independe de um observador. A relação de superioridade/inferioridade pode decorrer da observação de uma pedra sobre outra, entre outras possibilidades. Das relações espaciais decorreriam as temporais; de ambas, as relações puras. A maioria das línguas, se não todas, codifica as principais relações em preposições.

No caso específico do léxico, a palavra "árvore", por exemplo, existe não para pormos nem para vermos árvores no mundo. As árvores existem não porque temos palavras para nos referirmos a elas. Pelo contrário, as palavras existem porque existem árvores no mundo. Se não houvesse árvores no mundo, certamente não haveria a palavra árvore. O que levou alguns pensadores a inverter as coisas talvez seja a existência de palavras como "unicórnio". Mas, como discuti detalhadamente em Couto (2007), essa palavra só pôde ser formada porque já havia outras como "bicorne". Assim, bastou substituir o prefixo "bi-" pelo também existente prefixo "uni-".

Para reforçar a ideia de que a língua tem muito a ver com o mundo físico, gostaria de acrescentar a questão da ecologia da interação linguística. Na verdade, as pessoas interagem quando estão próximas uma da outra. É dessa interação que nasce a língua, como já reconhecera Saussure. Ainda de acordo com ele, a língua existe para e nos atos de interação comunicativa. Ela é formada, usada e transformada neles, passando pela mente dos falantes, de modo que há uma inter-relação constante entre os três ecossistemas da língua com respectivos MA, ou seja, MA social, MA mental e MA natural. Tudo isso está, de certa forma, no *Curso de linguística geral* de Saussure.

# Leituras recomendadas

Sobre o conceito de Linguística, pode-se ler o segundo capítulo de Lyons (1987). No capítulo anterior, ele já discutira o objeto dessa ciência, o conceito de língua/linguagem. Os conceitos básicos da Ecologia podem ser encontrados em qualquer manual de introdução à Ecologia, em especial, e à Biologia, em geral. Mas há um clássico no assunto, Odum (1971). Em Lovelock (2001) temos a Hipótese de Gaia, ou seja, a ideia de que o planeta Terra é não apenas um ecossistema, mas um organismo vivo. No livro *A vingança de Gaia* (Rio de Janeiro, Editora Intrínseca, 2006), James Lovelock comenta os maus tratos à Terra e algumas das consequências letais que inevitavelmente advirão. O uso de conceitos ecológicos no estudo de fenômenos linguísticos foi feito primeiro em Haugen (1972), embora sem falar em "ecolinguística", mas em *language ecology* e *ecology of language*. Foi na década de 1990 que começaram a surgir obras em cujo título aparece a palavra "ecolinguística", como Salzinger (1979), provavelmente o primeiro linguista a usar o conceito por escrito. Claude Hagège (*L'Homme de paroles*, Paris, Fayard, 1985) também utilizou o conceito. Fill (1993) e Makkai (1993) são os dois primeiros livros sobre o assunto. Em Fill; Mühlhäusler (2001) temos uma das primeiras recolhas de ensaios ecolinguísticos. Couto (2007) é um extenso tratamento do que vem a ser Ecolinguística. O conceito de Ecologia Fundamental da Língua pode ser antevisto em Trampe (1990) e Døør e Bang (1996). O MA social da língua já vem sendo estudado pela sociolinguística e pela Análise do Discurso, entre outras. Fill e Mühlhäusler (2001) bem como Fill, Penz e Trampe (2002) são duas coletâneas dedicadas ao assunto. Sobre o MA mental da língua, há subsídios nos resultados da Psicolinguística, da Neurolinguística e de outras neurociências. No Brasil, temos França (2005).

# Ecologia da Interação Comunicativa

Vimos no capítulo anterior que o mais importante nos ecossistemas não são os aspectos bióticos e os abióticos em si, ou seja, não são os organismos e seus meios ambientes em si mesmos, mas as inter-relações que se dão entre eles, não só entre os organismos e seu meio ambiente, mas sobretudo as que se dão entre os próprios organismos. O equivalente das relações entre os organismos de determinada população biológica são as **interações** entre os membros da população (P) que faz parte de um EFL, o Ecossistema Fundamental da Língua, em outros contextos conhecido também como comunidade. Essas inter-relações, ou interações entre um membro $p_1$ e um membro $p_2$ de P, recebem o nome de AIC, que Saussure chamou de atos de fala. Esses AIC se dão em um espaço bem específico do território que a população habita, em condições ambientais também específicas. Cada um deles se insere em uma EIC também específica. Todo ato de interação comunicativa tem como produto um **enunciado**.

Como foi largamente defendido por Mikhail Bakhtin, a função básica da língua é a comunicação. Não há comunicação sem língua nem língua que não seja usada em atos de interação comunicativa. A comunicação é tão fundamental que há até mesmo graus de entendimento, de acordo com o contexto dos comunicantes. Entre dois brasileiros, marido e mulher, às vezes nem é necessário o uso de palavras para que se entendam, por conviverem quotidianamente e, portanto, compartilharem muitas experiências. Entre duas pessoas de uma mesma cidade ainda há muitas experiências compartilhadas, mas em menor grau do que as que há entre cônjuges. Entre um brasileiro do Oiapoque e outro do Chuí ainda há uma grande quantidade de informações compartilhadas, mas em grau menor do que a que há entre os que moram numa mesma cidade. Entre brasileiros e portugueses, há menos informação

**34** Linguística, ecologia e ecolinguística

compartilhada ainda, embora compartilhem um sistema linguístico e algo de história. Por fim, entre um brasileiro e um chinês que tenha aprendido o português em seu país, a comunicação será bem menos eficaz do que em qualquer um dos casos anteriores.

Como se vê, proximidade espacial leva ao compartilhamento de informações que, por seu turno, facilita a eficácia dos AIC. A conclusão lógica é a de que entendimento tem muito a ver com espaço. Como entendimento também pressupõe um sistema, vê-se que também o sistema tem a ver com o espaço.

O importante é que mesmo entre o chinês e o brasileiro algum tipo de comunicação se dá porque compartilham o sistema abstrato de língua, o que viabiliza a decodificação de uma mensagem enviada por um deles ao outro, sistema em geral adquirido via gramática normativa e dicionário (o *Aurélio*, por exemplo). Mas, quando saímos do âmbito do social, notamos que há mais coisas compartilhadas. Por exemplo, os portugueses e ameríndios que se viram frente a frente em Porto Seguro em 1500 não tinham nada em comum do ponto de vista cultural, embora um precário entendimento tenha havido, como se vê no relato de Caminha. Trata-se do nível biológico: ambos eram terráqueos, animais e humanos, portanto compartilhavam as condições de vida na face da Terra. Daí terem se entendido até certo ponto mediante o uso de gestos e atitudes.

Ainda no domínio do biológico temos a fotossíntese, a fecundação e outros tipos de interação. Seriam também exemplos de "comunicação biológica". Por fim, temos os processos de sedimentação, de formação de rochas, de atração e repulsão entre os corpos, além da "comunicação química", "bioquímica" e semelhantes. O que há de comum a todos esses casos é a interação. O que mostra que ela é universal, e um universal muito mais interessante do que os "universais" da Gramática Gerativa.

Por precisão terminológica, usarei o termo **interlocução** (ou **diálogo**) para a interação que pressupõe um código. No caso, o código é a língua (L), que viabiliza o entendimento da mensagem formulada pelo falante (F) e enviada ao ouvinte (O) no processo de interlocução, que é comunicação humana, ou comunicação propriamente dita. A mensagem geralmente está contida em um enunciado. Para a interação que se deu entre portugueses e ameríndios, bem como a que se dá entre a criança e os pais nos momentos iniciais de aquisição de língua, eu emprego o termo **contágio** sugerido por Schaff (1968: 127). Por esse termo, ele entende o tipo de interação que "transfere conhecimento de estados emocionais de um indivíduo para outro, ou fornece informação sobre certa situação *hic et nunc*". Os exemplos que ele dá são a "comunicação" entre abelhas e entre formigas. Como se vê, interlocução é interação no nível do superorgânico, e contágio é interação no nível do orgânico, pelo menos eu seus estágios mais evoluídos. Ficou faltando a interação que se dá entre elementos químicos e físicos, ou seja, no nível do inorgânico. A esse tipo de interação pode-se dar o nome de **intertração**, que compreende tanto a atração quanto a repulsão entre os corpos. Aparentemente, interação intertrativa se dá não só no reino mineral, mas provavelmente também nos momentos iniciais do nível biológico. Um exemplo do primeiro seria o composto que consta da combinação de átomos ou de íons com carga oposta, de dois ou mais elementos, mantidos juntos pela força de atração, como o ato de fecundação, que é uma troca bioquímica. Graficamente, temos:

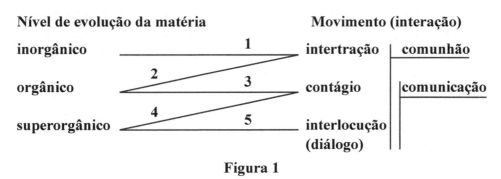

Figura 1

Partindo do pressuposto de que as únicas coisas eternas e incriadas, ou seja, universais, são a matéria e a energia (movimento), como já sugerira Heráclito e Engels, podemos ver na Figura 1 que a interação típica do nível do inorgânico é a intertração, ou seja, a atração e a repulsão (1). A interação típica do nível do orgânico animal (biológico) é o contágio (3). A interação típica do nível do superorgânico (social) é a interlocução (5). O contágio e a interlocução são ambos **comunicação**: contágio é comunicação animal, ou seja, *Verhalten* (comportamento) como se diz em alemão; interlocução é comunicação humana, ou seja, *Handlung* (ação social), também do alemão. Mas a intertração pode dar-se também no orgânico (2), como na fecundação do óvulo pelo espermatozoide, e o contágio pode ocorrer também no nível humano (4), isto é, os comportamentos animais subsistem no ser humano. Só a interlocução (diálogo)

**36** Linguística, ecologia e ecolinguística

é típica e específica do ser humano, pois pressupõe um código socialmente sancionado. Como base para que intertração, contágio e interlocução se efetivem, tem que haver a comunhão, que será examinada logo em seguida.

Tanto "contágio" quanto "intertração" foram usados por falta de termos mais adequados. Em vez de "intertração", pensei em usar "síncrise" "comparação de opostos", da retórica antiga. O termo vem do grego *sýnkrisis* "combinação, comparação", via latim, e é composto de *syn* "com" + *kri* (de *krinein* "separar") + *sis* "-ise". Ele contém a ideia de junção e a de separação, o que explicaria os movimentos de atração e repulsão. Porém, decidi manter "intertração" a fim de ter três termos latinos. Quanto ao termo "contágio", é interessante porque contém o prefixo latino "con-", presente também em "comunicação" e "comunhão".

Sebeok tem sido um pioneiro nessa visão abrangente de interação, embora ele use o termo comunicação para todos os casos de interação (Sebeok, 1973; 2002).

O processo de aquisição da língua pela criança se inicia intertrativamente (ou sincriticamente) já antes do nascimento, ou seja, ainda no útero da mãe. A partir do nascimento, a interação evolui para o contágio. Com a idade de dez meses e vinte e nove dias, aproximadamente, inicia-se a fase da interlocução propriamente dita, ou seja, quando a criança profere espontaneamente seu primeiro enunciado de uma palavra, o que em geral permite um pequeno diálogo com o adulto.

Para que a interação se dê em qualquer um dos três níveis (intertração, contágio, interlocução), é necessário que os interagentes entrem em comunhão. **Comunhão** é uma espécie de preparação das condições para que a interação ocorra. Em cada nível, ela terá características diferentes.

Quem propôs o conceito foi Malinowski (1972: 312), sob o nome de comunhão fática. Para ele, "[...] não é preciso ou, talvez, nem deva até haver coisa alguma a comunicar. Desde que existam palavras para trocar, a comunhão fática leva selvagens e civilizados, por igual, para uma agradável atmosfera de intercurso polido, social". O conceito foi retomado por Jakobson no contexto de suas seis funções da linguagem. Para ele, a função fática "pode ser evidenciada por uma troca profusa de fórmulas ritualizadas, por diálogos inteiros cujo único propósito é prolongar a comunicação" (Jakobson, 1969: 126). Ele afirma ainda que essa função ocorre tipicamente também em aves falantes, de modo que "a função fática é a única que compartilham com os seres humanos". Por fim, ele diz que a interação fática é a primeira da criança. Para o primeiro autor, a interação comunial pressupõe uma língua, embora para o segundo nem sempre isso seja necessário.

O crioulista William Samarin também faz uso de um conceito semelhante, ou seja, **simbiose** ou **confraternização** ("fraternization", referindo-se ao francês "fraternisation"). De acordo com ele, "algum tipo de simbiose é necessário para que um pidgin se desenvolva" em uma situação de contato de línguas. Entre as partes contatantes, havia "todo um conjunto de relações que fazia com que a comunicação se tornasse necessária ou desejável" (Samarin, 1988: 160-61). O fato é que o termo simbiose poderia perfeitamente ser usado no lugar de comunhão. Não obstante, prefiro comunhão devido a suas ligações óbvias com comunicação.

Quando recuperamos o sentido religioso original da palavra, verificamos que a existência de um código comum não é necessária para que haja comunhão. O mais importante é o próprio compartilhamento, não importa de quê. Tanto que alguns dicionários definem comunhão como designando "compartilhamento de sentimentos e pensamentos". Nesse sentido, comunhão é um conceito ecológico mais amplo. Todos os seres animais tendem a ter atos de comunhão, e não apenas as aves, como sugeriu Jakobson, para proteção, reprodução, lazer etc. Veja-se o caso das bactérias. Talvez mesmo os vegetais interajam comunialmente. Pode ser que até mesmo a força de coesão seja uma espécie de comunhão no reino mineral. Sem aprofundar este tema, minha proposta é de que comunhão não pressupõe uma língua comum. Pelo contrário, é a comunicação e, por extensão, a língua que pressupõem algum tipo de comunhão prévia. Como disse Schaff (1968: 159) "[...] o processo de comunicação só ocorre no mundo animal quando envolve o processo de *cooperação*, processo de ação social *sui generis*". Por "cooperação", entenda-se atos de comunhão.

No modelo de Jakobson, a função fática é a abertura, manutenção e fechamento do canal de comunicação. No compartilhamento de sentimentos entre indivíduos que se veem juntos, a comunhão tem o mesmo papel, ou seja, o de preparar o cenário em que a comunicação pode se dar. Isso implica os momentos de encetar, manter e encerrar a comunicação.

No caso dos seres vivos, e os humanos não são exceção, sempre que se veem juntos, interagem de alguma forma, mesmo que não tenham nenhum código comum. Se essa interação for de hostilidade (**simbiose desarmônica**), poderá haver lutas, redundando até mesmo na eliminação do outro, ou de todos. Nesse caso, o agrupamento heteróclito acaba se desfazendo. Se a interação for de solidariedade (**simbiose harmônica**), os seres poderão passar a constituir um todo relativamente homogêneo, uma comunidade, como se pode ver em Couto (1999, 2002: 180). No nível do orgânico, ocorre algo semelhante.

**38** Linguística, ecologia e ecolinguística

Um exemplo seria a fertilização do óvulo que dá lugar ao feto. No nível do inorgânico, temos a força de atração e a de repulsão. Se prevalecer a segunda, as partículas (os corpos) se repelirão; se prevalecer a primeira, poderão se aderir umas às outras, formando um novo corpo.

Alguns poucos autores salientam a importância do espaço nesse contexto. Assim, quando indivíduos, mesmo de culturas diferentes, se veem juntos em um mesmo espaço, ou seja, entram em contato, por uma questão de sobrevivência acabam entrando em comunhão, como a que se viu em Porto Seguro em 1500 entre portugueses e ameríndios. A partir dessa comunhão, inevitavelmente surgirão **Tentativas Individuais de Comunicação** (TIC). Caso a convivência continue, essas TIC acabam levando à emergência de uma comunidade e, consequentemente, à emergência de uma linguagem comum, como começou a ocorrer nos primeiros núcleos de colonização. Esse processo está desenvolvido com relativo detalhe no capítulo "Ecologia da evolução linguística."

Numa situação de contato de povos e línguas diferentes (contato interétnico) é claramente a solidariedade (comunhão) que começa a preparar o terreno para o surgimento de uma comunidade, como sugeriu Samarin. Nos primeiros momentos do encontro, tem-se apenas uma **agregação cinética**, como as pessoas no elevador, que nada têm em comum. Outro tipo seria a **agregação tropista**, como as pessoas debaixo de uma marquise para se proteger da chuva. Em nenhum desses casos há comunhão. No entanto, quando a convivência no espaço perdura, todos os seres animais tendem a se agregar e, uma vez agregados, precisam interagir. O modo mais comum de interação é a comunhão, ou seja, o estar satisfeito com o simples estar junto. Se há alguma coisa para comunicar, isso é muito bom e bem-vindo. Se não houver, não importa. O que importa é a solidariedade, a predisposição para a convivência. No caso da criança adquirindo a língua de seu meio, isso se aplica *in totum*.

Em síntese, no reino do inorgânico, a comunhão consiste na copresença espácio-temporal de partículas ou elementos, que se atrairão. Nesse caso, elas se aderirão uma à outra, formando um todo complexo. A sedimentação que dá lugar a rochas seria um exemplo. No reino do orgânico, ou biológico, a copresença espácio-temporal pode provocar um contágio, que pode levar, entre outras coisas, à formação de um novo ser, como na fusão de uma célula **haploide** (**espermatozoide**) com a do sexo oposto (**óvulo**) durante a fecundação para formar um **zigoto**. No reino do superorgânico, a copresença leva a uma solidariedade (comunhão), inclusive por uma questão de sobrevivência, que é o primeiro passo para o surgimento de uma comunidade e, consequentemente, de uma linguagem. A última, por sua vez, faculta a comunicação interlocucional.

Vejamos agora a estrutura do AIC, que constitui a EIC. O modelo clássico de comunicação é o que se vê na Figura 2, segundo o qual para que uma mensagem, ou enunciado (E), enviada por um falante (F) a um ouvinte (O), seja entendida, tem que estar formulada em uma linguagem/língua (L) que F e O compartilhem.

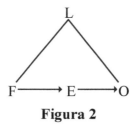

**Figura 2**

O modelo da Figura 2 tem sido considerado como muito estático. Eu acho que isso se deve ao fato de ele estar incompleto. Seguindo seus formuladores originais, faltam a fonte (FO) e o destino (DE) da mensagem, e eu acrescentaria o tema, assunto ou contexto (C) da informação, como se pode ver na Figura 3.

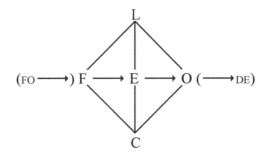

**Figura 3**

Esses dados adicionais são importantes, pois, entre outras coisas, permitem entender alguns dêiticos pronominais. Por exemplo, F sozinho é "eu" e FO sozinho é "ele$_1$" (o "ele" que está comigo); F+FO equivale ao "nós" exclusivo; F+O dá o "nós" inclusivo (poderia ser também (FO+F)+O ou (FO+F)+O+DE. Por outro lado, O sozinho é "tu"; DE sozinho é "ele$_2$" (o "ele" que está contigo); O+DE é "vós" exclusivo. O+DE+FO é o "vós" inclusivo (inclui quem está com F). Existe ainda a possibilidade (FO+F)+E+(O+DE) que equivale ao "nós" geral, ou seja, todos que estão envolvidos no Ato de Interação Comunicativa e até a comunidade inteira. Por fim, temos o lado C do modelo, que remete àquilo de que se fala, que, nesse caso, dá lugar aos dêiticos espaciais e temporais, como "este", "esse", "aquele", os objetos e coisas presentes de que se fala, o "ele$_3$" etc. Partindo dessa visão holística do modelo, nota-se que ele não é tão estático assim, mas um todo sistêmico cujas partes estão em constante interação.

Para dar apenas mais um exemplo de como esse modelo pode funcionar, vejamos a representação da Figura 4.

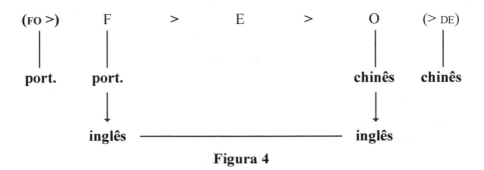

Figura 4

A Figura 4 representa o caso de um prefeito monolíngue de uma cidade do interior do Brasil que quer se comunicar com um prefeito, também monolíngue, de uma cidade do interior da China, sendo que cada um tem um assessor que fala inglês. Primeiro, o brasileiro (FO) informa a seu assessor (F), em português, o que quer dizer ao prefeito chinês. Esse assessor (F) passa a informação ao assessor do prefeito chinês (O), em inglês. Este último (O), por seu turno, passa a informação em chinês ao prefeito chinês (DE). Mas a interação pode continuar com uma inversão da direção da mensagem, dando início a um movimento cíclico. Assim, vejamos que tipos de mensagens transitam em uma direção e outra.

Partindo do pressuposto de que a função fundamental e prototípica da língua é a de servir de base para o entendimento na interação face a face, ou seja, para influenciar o outro, a interlocução consta basicamente de uma **solicitação**, um enunciado de emissor ou falante (F), que deve ter uma **satisfação** do receptor ou ouvinte (O), mediante uma resposta ("enunciado de receptor") ou um comportamento. O conjunto solicitação-satisfação constitui a **célula da comunicação**. Trata-se, portanto, do complexo "enunciado de F + enunciado de O", como representado na Figura 5.

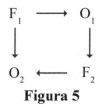

**Figura 5**

Só que ouvinte não fala; ouvinte ouve. Assim, no momento em que O, como $O_1$, reage à solicitação de F, na qualidade de $F_1$, transforma-se, por sua vez, em F, no caso, $F_2$, momento em que quem era falante ($F_1$) se transforma em ouvinte, no caso, $O_2$. Com isso, fecha-se o circuito, completando a célula da comunicação. Agora, falta examinar a natureza de cada solicitação, bem como de cada satisfação.

Sabemos que podemos influenciar o outro mediante (i) **ordem**, (ii) **pergunta** e (iii) resposta a essa pergunta, ou seja, **informação**. Pode-se também fazer (iv) **exclamações** e (v) chamar a atenção de quem está próximo (**vocativo**). Cada um desses modos de atuar sobre o outro constitui um tipo de enunciado interlocucional, ou melhor, um AIC. Na verdade, a interlocução pode continuar, ou seja, o $O_2$ da Figura 5 pode transformar-se em $F_3$, e o $F_2$ da mesma figura transformar-se em $O_3$ e assim sucessivamente, como sugerido na Figura 6, que termina em reticências para deixar claro que o diálogo pode continuar.

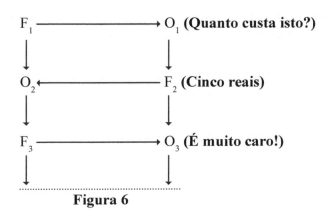

**Figura 6**

Para entender esse fluxo dialógico, partamos da exclamação que uma freguesa faz diante de uma plaquinha indicando o preço de um produto na feira. Ela pode dizer: "Isto é muito caro!" De meu conhecimento, nunca houve uma análise da exclamação desta perspectiva. No entanto, quando a examinamos em profundidade, verificamos que ela surgiu diante da informação do preço (cinco reais) que, por seu turno, foi uma informação antecipada à pergunta que qualquer freguês faria, ou seja, "Quanto custa isto?"

A **solicitação-pergunta** implícita, que o feirante previu que a freguesa faria, é um **enunciado de $F_1$** (Quanto custa isto?) da freguesa ($F_1$) para o feirante ($O_1$). Quando este ($O_1$) confeccionou a plaquinha e a afixou no produto, ter-se-ia transformado em $F_2$, uma vez que deu uma **satisfação-informação**, sob a forma de uma oração declarativa "[Isto custa] cinco reais". Nesse momento, a freguesa passou a ser receptora da mensagem do preço, ou seja, $O_2$. Por fim, ela pode reagir, dizendo "Isto é muito caro!", momento em que se transforma em $F_3$; e o feirante, em $O_2$. E assim por diante.

Eu gostaria de mostrar outra maneira de se encarar o fluxo interlocucional, partindo da EIC que se dá no uso das adivinhas no crioulo português da Guiné-Bissau. Uma adivinha muito popular é *cabás intchi os/boca cu dinti* (uma cabaça cheia de ossos/a boca e os dentes). Na Figura 7, a seguir temos o fluxo interlocucional que se dá nesse caso.

Primeiro, o perito em adivinhas propõe o desafio *dibinha, dibinha*, aproximadamente o nosso "O que é, o que é?". Nesse momento, ele é $F_1$ e os ouvintes, $O_1$. Para que a interação tenha continuidade, é necessário que os ouvintes reajam, transformando-se em $F_2$, dizendo *dibinha certu* (= adivinha certo = está bem). Tendo ouvido isso como $O_2$, lança o desafio, já como $F_3$, *cabás intchi os* (uma cabaça cheia de ossos), que a audiência, como $O_3$, tem que interpretar. Ao fazê-lo, a audiência (ou alguém dela) se transforma em $F_4$, fornecendo a resposta *boca cu dinti* (a boca e os dentes) para o perito, que a recebe como $O_4$. Este, por fim, e agora transformado em $F_5$, ratifica ou retifica a resposta da audiência, que já é $O_5$. Nesse momento, dá-se um congraçamento, uma confraternização, pleno de risadas. É um momento de comunhão, tomando-se o termo no sentido que foi apresentado a seguir.

Congraçamento, confraternização, risadas (comunhão)
Figura 7

Até aqui comentei a solicitação-pergunta, a satisfação-informação (oração declarativa) e a exclamação. Falta ainda, pelo menos, o vocativo que, aparentemente, não tem sido estudado da presente perspectiva. Ao que tudo indica, ele é uma **pré-ordem**, como em "Joãozinho, feche a porta!", dito pela mãe. Como a solicitação-ordem é dirigida diretamente a O, na interação face a face, não é necessário dizer "Você, feche a porta". A copresença de O e O já indica que a ação deve ser praticada por O. Dessa perspectiva, o vocativo parece ser uma espécie de substituto do sujeito. Em muitos casos, ele sozinho faz as vezes da ordem. A mãe poderia ter dito simplesmente "Joãozinho!" e ele saberia que ela estava mandando fechar a porta. Mesmo assim, a ordem continuaria existindo subjacentemente, apenas não foi manifestada.

Não é apenas a função de **pré-ordem** que o vocativo exerce. Ele pode ser também uma **pré-pergunta**, como o "oi" de "Oi, tudo bem?". Outra possibilidade é ele ser uma **pré-informação**. Seria o caso de a mãe dizer para a filha: "Aninha, tá na hora do banho". Em latim o vocativo é usado para a exclamação, como na famosa expressão *O tempora! O mores!* (oh, tempos, oh, costumes!), de Cícero, e para o chamamento, como em *Quousque tandem*

**44** Linguística, ecologia e ecolinguística

*abutere, Catilina, patientia nostra?* (Catilina, até quando abusarás de nossa paciência?), também de Cícero. Parece que o vocativo pode substituir qualquer um dos enunciados que introduz, ou seja, a ordem, a pergunta, a declaração-informação. Uma exceção talvez seja a exclamação.

Aparentemente, a saudação seria outro tipo de solicitação (**solicitação-saudação**), para iniciar e encerrar a comunhão. O início da comunhão seria o cumprimento, como no exemplo "Oi, tudo bem?". O término do processo de comunhão seria a despedida. Interessantemente, o término parece ser mais primordial do que o chamamento para o início da comunhão. Tanto que geralmente a criança começa a reagir positivamente à expressão "tchau" a partir dos oito meses de idade, proferindo-a em contexto adequado.

De outra perspectiva, a solicitação-ordem deve ser o enunciado mais primitivo, não requerendo uma satisfação verbal. Para se dizer "Pare aí" ou "Vem aqui!", não é nem mesmo necessário usar palavras; os gestos bastam. Tanto que os próprios animais fazem solicitação-ordem entre si. Nós podemos dar ordem para que uma pessoa se afaste de nós simplesmente empurrando-a, como fazem os demais animais. Além disso, sabemos que a comunicação homem-animal, que se dá nas fazendas do interior, consta de cinco tipos de "enunciados" (chamamento, afugentamento, acicate, parar, segurar [o carro]), mas todos eles se reduzem à ordem, como tentei mostrar em Couto (1995). Mesmo na comunicação humano-humano, a forma dos verbos que codifica a solicitação-ordem é o **imperativo**.

A pergunta e a resposta são mais elaboradas. Elas constituem elos da cadeia dialógica que só podem manifestar-se verbalmente. No caso do enunciado-informação, ou satisfação-informação, realizada por uma oração declarativa (de $F_2$) pode haver também a **informação-negação**. Ainda não está claro se efetivamente o enunciado negativo é de $F_1$ ou $F_2$. Em prol de sua interpretação como enunciado de $F_2$, temos o fato de que quando alguém diz "Não tem ninguém lá dentro", referindo-se a uma casa fechada, está pressupondo uma pergunta sobre se há alguém lá dentro. O fato é que tanto o enunciado-afirmação quanto o enunciado-negação asseveram algo. Só que o segundo nega a verdade do primeiro, afirmando sua negação. Simbolizando a afirmação como P, temos que sua negação é ~P. Isso significa que, do ponto de vista da lógica, a negação pressupõe a afirmação. Entendido dessa forma, o enunciado-negação não seria de $F_2$, uma vez que o enunciado-afirmação já o é. Há mais complicadores. Quando A pergunta a B "Você foi ao cinema?" e B responde "não", esse "não" na verdade equivale a "Eu não fui ao cinema."

Outro fato interessante é que praticamente em todos os crioulos do mundo a solicitação-pergunta é indicada pela simples elevação da voz, pela curva entonacional. Ademais, em muitas línguas não crioulas essa é a estratégia usada para a pergunta. Até mesmo em línguas como inglês, que tem o morfema interrogativo *Do*, como em *do you speak English?*, pode-se dizer também simplesmente *Speak English*? Também isso tem a ver com a EIC. Como falante e ouvinte estão um de frente para o outro, numa interação face a face, terminar o enunciado de modo literalmente suspenso, ou seja, com a voz se elevando, requer uma complementação, que é o que requer a solicitação-pergunta. Isso parece ser mais um dos universais da comunicação, se é que vamos falar em universais na língua.

Ainda no que tange ao enunciado-informação, existe o problema de alguns animais darem informação aos pares. Por exemplo, a famosa dança das abelhas tem por objetivo informar à colmeia que em determinada direção há fonte de néctar para se fazer mel. Parece que a informação inclui até mesmo se há uma grande quantidade de material ou não. Com isso, esse enunciado seria também primitivo, porém não tão primitivo quanto a ordem, que existe na maioria dos animais, e pode ser feita apenas pelo contato físico. Informações como a das abelhas não parece ser comum em muitas outras espécies. Tudo isso precisa ser investigado mais pormenorizadamente.

Repetindo, a língua se forma e se transforma, ou seja, nasce, vive e definha em função dos atos de interação comunicativa, ou da ausência deles. Dito de outro modo, por um lado, ela só pode nascer na interação, ou seja, das pessoas tentando se comunicar. Por outro lado, nos próprios atos de interação comunicativa concretos, a língua se altera para se adaptar a novas situações. Por fim, se as pessoas começarem a deixar de usá-la para se comunicarem entre si, por exemplo, por estarem adquirindo outra língua, ela entra em obsolescência, podendo desaparecer.

Os AIC são o corpo e a alma da língua. Poderíamos até mesmo comparálos ao holograma, uma vez que eles contêm em si, em miniatura, tudo o que compõe a língua. O melhor lugar para se depreender a língua é na EIC. A aquisição de língua pela criança, a aprendizagem de L2 pelo adulto e a própria filogênese da linguagem começaram por atos de interação comunicativa, que no início eram meras tentativas de interação comunicativa. Como se pode ver no capítulo "Ecologia da evolução linguística", a formação de novas línguas com genes (traços) de línguas preexistentes passa pelo mesmo processo.

**46** Linguística, ecologia e ecolinguística

Retomemos a questão da aquisição da língua pela criança. Nas palavras de Bakhtin,

> [...] a língua não se transmite; ela dura e perdura sob a forma de um processo evolutivo contínuo. Os indivíduos não recebem a língua pronta para ser usada; eles penetram na corrente da comunicação verbal; ou melhor, somente quando mergulham nessa corrente é que sua consciência desperta e começa a operar [...] Os sujeitos não 'adquirem' sua língua materna; é nela e por meio dela que ocorre o primeiro despertar da consciência.

Em nota de rodapé o autor acrescenta: "O processo pelo qual a criança assimila sua língua materna é um processo de integração progressiva da criança na comunicação verbal. À medida que essa integração se realiza, sua consciência é formada e adquire seu conteúdo" (Bakhtin, 1981: 108).

Tudo isso mostra que o famigerado papel ativo do aprendiz defendido pela Gramática Gerativa talvez não seja tão ativo assim. Na verdade, o que o aprendiz precisa é entrar em comunhão com os que constituem a comunidade em que começa a viver a fim de entrar no fluxo de comunicação vigente nela. Aprender uma língua é aprender a comunicar-se, é adaptar-se. Tanto que o próprio Chomsky afirma que a aprendizagem de língua é "algo que acontece com a criança, não [algo] que a criança faz" (1997: 5). Por quê? Simplesmente porque, mesmo que não queira, pelo simples fato de ter nascido na comunidade X e não na comunidade Y, aprenderá a língua da comunidade X. De certa forma, a aquisição da primeira língua pela criança se dá mediante sua absorção pelo fluxo interacional da comunidade em que se desenvolve. Não há como não aprender a língua nessa situação.

Nesse processo, o espaço é determinante. Sempre que pessoas se veem juntas interagem. Uma das interações mais comum é a linguística. Só que, para haver AIC eficaz é necessário que haja um sistema prévio. Se ele não existe, cria-se um. O fato é que sem a copresença no espaço não haveria AIC, a despeito de atualmente a tecnologia permitir interação à distância. No entanto, esse tipo de interação é derivado, é secundário. A interação prototípica é a que se dá face a face. Como o assunto deste livro é o contato de línguas, gostaria de acrescentar que, na verdade, a comunicação é um tipo de contato, mesmo que intralinguístico, ou seja, interdialetal ou interidioletal. O AIC é um contato em nível microscópico, intralinguístico.

Tudo o que for dito nos capítulos subsequentes será resultado de algum aspecto dos AIC aqui comentados. Tudo na língua passa pela EIC. Vejamos, para terminar, apenas um exemplo do crioulo português da Guiné-Bissau. Tradicionalmente se tem dito que os verbos dessa língua vêm da forma não marcada da terceira pessoa do singular do presente do indicativo. Eu, porém, acho que grande parte deles vêm é da forma do imperativo. Dois exemplos seriam *bin* (vir), que teria provindo da forma "vem!", segunda pessoa do singular, imperativo, e *bai* (ir), originário de "vai!", do mesmo modo e pessoa. Associando isso a outras formas como *e ku manda* (lit. "é assim que manda"), que quer dizer "é por isso que", podemos concluir que os verbos vêm do imperativo porque os subordinados estavam sempre recebendo ordens. A forma do verbo crioulo foi determinada pelo modo como a língua foi recebida. Em suma, foi a EIC específica que determinou qual das inúmeras formas do verbo português entraria no crioulo.

## Leituras recomendadas

O modelo de comunicação foi proposto originalmente por dois engenheiros da comunicação, ou seja, Claude E. Shannon e Warren Weaver (*The mathematical theory of communication*, Urbana, University of Illinois Press, 1949). Posteriormente, diversos autores fizeram interpretações diferentes, como Jakobson (1969), que extraiu dele as seis funções da linguagem. O fluxo interlocucional como aqui exposto foi apresentado em Couto (1999, 2000) e em Couto (2005), ou seja, "As adivinhas crioulo-guineenses: uma perspectiva ecocrítica", em: Annette Endruschat e Axel Schönberger (orgs.), *Portugiesische Kreolsprachen: Entstehung, Entwicklung, Ausbau und Verwendung*, Frankfurt/Main, Domus Editoria Europæa, p. 107-120.

Como embasamento filosófico, recomendo Bakhtin (1981), Schaff (1974) e Fritjof Capra (2002) (*O tao da física, O ponto de mutação* e *A teia da vida*. Essas três publicadas em São Paulo, pela Editora Cultrix).

Seria interessante ver também o que foi indicado no capítulo "Linguística, Ecologia e Ecolinguística", sobretudo a parte que trata das inter-relações na Ecologia.

# Conceituando contato de línguas

A situação ideal, prototípica da língua, é a descrita no capítulo "Linguística, Ecologia e Ecolinguística" sob a rubrica de Ecossistema Fundamental da Língua (EFL). Vale dizer, para que haja uma língua é preciso que haja um povo que a use, sendo que esse povo tem que viver e conviver em determinado território. Porém, vimos também que atualmente essa situação, se é que ainda existe, é a exceção, não a regra. A regra é o bilinguismo ou multilinguismo, em que duas ou mais línguas convivem em um mesmo território. A causa para essas ecologias complexas são as migrações dos povos, provocadas por vicissitudes histórias posteriores ao momento de formação de cada língua. Como sugere o mito da Torre de Babel, no início toda a humanidade falava uma única língua, assunto que será retomado ao falarmos da ecologia da evolução linguística. Diz ainda o mito que, como castigo, o Senhor confundiu a linguagem do povo, além de dispersá-lo pela terra (*Gênesis* 11, 1-9). Deixando de lado os prós e os contras dessa passagem bíblica, o fato é que ela parece apontar para a direção certa. Deixadas à própria sorte, parece que as línguas tendem a se diversificar, primeiro dialetalmente e, em seguida, na direção do plurilinguismo, num processo paralelo ao da diversificação biológica. Ora, se elas estão sempre se diversificando é porque no início deve ter havido uma única língua.

Um fato interessante é que o mesmo movimento que leva à diversificação linguística, a migração dos povos, começou a ter o efeito contrário, ou seja, a influência de uma língua sobre a outra e, consequentemente, algum tipo de convergência linguística. Basta pensar nas conquistas de um povo pelo outro, como no caso das chamadas Grandes Navegações, em que algumas línguas da Europa foram impostas aos quatro cantos da terra. O crescente processo de globalização que vivemos atualmente vem aumentando o contato de indivíduos e coletividades inteiras com outros povos e respectivas línguas.

**50** Linguística, ecologia e ecolinguística

O que entra em contato diretamente não são línguas, mas povos. Com efeito, as línguas são equiparadas às espécies parasitas, no sentido biológico (Mufwene, 2001). Isso quer dizer que elas só surgem e sobrevivem tendo uma população como hospedeiro. Sem povo não há língua, pelo menos em uma situação prototípica. O contato entre as línguas se dá na mente de indivíduos que entram em contato em determinado lugar. Daí a importância de se reconhecerem os três ecossistemas da língua, e respectivos meios ambientes, como foi feito no capítulo "Linguística, Ecologia e Ecolinguística", ou seja, o MA social, o MA mental e o MA natural. O MA natural da língua é o cenário em que indivíduos se veem juntos, o que os leva a interagirem entre si. Nessa interação, mensagens enviadas por eles uns aos outros são processadas nos respectivos cérebros (MA mental). Se esse tipo de interação tiver continuidade, tenderá a haver uma convergência de meios de expressão, o que poderá levar a uma socialização, à formação de uma nova comunidade e, frequentemente, uma nova língua (MA social).

Na verdade, tudo tem a ver com o espaço. Assim, populações se deslocam (conceito espacial) para o território de outra população. A copresença no espaço leva à interação entre os dois povos/línguas, que pode levar a um estado de comunhão que, por seu turno, poderá resultar em comunicação. No início, tentativas de comunicação interlinguística. Com a convivência, as línguas serão processadas nas mentes dos indivíduos, o que pode levar um lado a apropriar-se da língua do outro, mesmo que fortemente marcada pela própria L1, ou ambos os lados formarem uma terceira realidade, um meio unificado de intercomunicação, como os que serão comentados logo a seguir.

Agora passo a expor as bases teóricas do contato de línguas que enformam todo o presente livro. Parto de alguns dos conceitos mais importantes da Ecologia Biológica, como já foi dito anteriormente. O primeiro deles é o de ecossistema que, encarado como uma totalidade (holismo), consta de uma diversidade de componentes bióticos (organismos) e abióticos. Entre esses diversos componentes, há uma constante teia de inter-relações. Nessas inter-relações, há um também constante processo de adaptação, tanto de organismos entre si quanto entre cada um deles (e da população inteira) ao meio circundante. Por fim, é importante repetir que o ecossistema é delimitado pelo investigador, o que implica que ele não está separado de ecossistemas adjacentes de modo estanque. Pelo contrário, todo ecossistema apresenta um grau maior ou menor de porosidade, embora esse termo não seja usado pelos ecologistas.

Desde pelo menos a dialetologia do século XIX, sabe-se que não há uma linha que separa determinada língua da língua vizinha. Assim, quando vamos de Porto Alegre a Montevidéu, não há um ponto em que possamos dizer com toda certeza que termina o domínio do português brasileiro e começa o do espanhol uruguaio. Proximidade espacial facilita a convergência linguística; distância espacial, a divergência linguística. Por isso mesmo, os habitantes de um lado e do outro das fronteiras se comunicam entre si sem grandes problemas, como veremos no capítulo "Situações fronteiriças".

Tendo em mente que o deslocamento ou migração de indivíduos, grupos de indivíduos e até populações inteiras no espaço é a base para o contato de línguas, é possível detectar pelo menos quatro situações em que povos e respectivas línguas (PL) entram em contato em determinado território (T). A primeira é a que se vê representada na Figura 1. Aqui, como nas três situações seguintes, $PL_1$ representa o lado mais forte econômica, política e militarmente, bem como do ponto de vista do prestígio; $PL_2$, o lado mais fraco, no mesmo sentido.

**Figura 1**

A Figura 1 representa a situação em que um povo (ou parte dele) e respectiva língua $PL_2$ se deslocam para o território ($T_1$) de outro povo que já constitui uma comunidade (EFL) relativamente estruturada, que tem uma língua relativamente estabelecida e estabilizada. Esse tipo de contato pode levar a diversos resultados, dependendo do poder político, econômico, militar ou de prestígio de cada PL. Como exemplo de casos em que $PL_2$ é o lado mais fraco, poderíamos citar os imigrantes hispânicos e outros nos Estados Unidos; os alemães, italianos e japoneses no Brasil; os turcos na Alemanha e os árabes na França. Nesse caso, frequentemente se dá o que se tem chamado de **Lei das Três Gerações**. De acordo com ela, a primeira geração (quando migra já adulta) aprende quando muito uma variedade pidginizada da língua hospedeira. Os seus filhos geralmente aprendem a língua do país hospedeiro e a dos pais, sendo, portanto, bilíngues, continuando a usar a língua original em todas as interações intragrupais. Os netos, porém, tendem a preferir a língua da nova terra, mantendo, quando muito, um conhecimento passivo da língua original de seus avós. A quarta geração frequentemente não tem quase nenhum conhecimento da língua dos antepassados. Mas, os resultados podem ser diferentes, dependendo da natureza de $PL_1$ e $PL_2$, bem como das condições em que o contato se deu, além de um certo sentido de pertença étnica (resistência cultural).

Se os imigrantes constituírem um grande grupo, poderão formar "colônias", ou ilhas linguísticas, como as que serão comentadas no capítulo "Ilhas linguísticas". Mas, mesmo nesse caso, a médio e longo prazo esses grupos de imigrantes tenderão a ser assimilados pela sociedade envolvente. O que pode ficar da língua original são algumas expressões, como *chimia* e *cuca* do alemão no sul do Brasil, os inúmeros termos culinários do italiano (*pizza, gnocchi* etc.) e outras de áreas lexicais restritas. Até as IL tradicionais mencionadas no referido capítulo estão sendo assimiladas. Mesmo se a ilha for bastante grande relativamente à sociedade envolvente, o processo assimilatório é inevitável.

O segundo tipo de contato se dá quando é o povo "mais forte" ($PL_1$) que se desloca para o território ($T_2$) do povo "mais fraco" ($PL_2$), como está representado na Figura 2. Como se vê, no lado de $PL_2$, pode haver também outros povos com respectivas línguas ($PL_3$, $PL_4$, ..., $PL_n$).

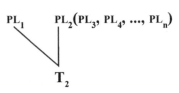

**Figura 2**

Essa situação está representada tipicamente por conquistadores, como os romanos na península ibérica, bem como os portugueses, ingleses, espanhóis, franceses e outros na África, Ásia, América, Oceania e oceano Pacífico. Os resultados desse contato são os mais diversos possíveis, dependendo de cada ecologia. Um resultado muito comum é a implantação praticamente total da língua e cultura dos conquistadores, como se deu em Cuba, na Nova Zelândia e em diversos países da África e da América. O que fica das línguas autóctones são enclaves, que vão sendo influenciados pela língua do invasor cada vez com mais força. No Brasil, por exemplo, os povos indígenas eram senhores da terra. Após serem quase dizimados, o que resta são algumas IL aqui e ali. De senhores da terra passaram a minorias. É bem verdade que há umas poucas exceções de adoção da língua do ex-colonizador como língua oficial. Uma delas é a Indonésia, que, em vez do holandês, adotou como língua oficial o malaio, que era uma língua franca comercial da região havia muito tempo, rebatizado como *bahasa indonesia*, literalmente "língua da Indonésia". Em português se tem dito simplesmente "indonésio". Na Malásia, o malaio também foi adotado como língua oficial, ao lado do inglês, só que sob o nome de malaio mesmo. No momento, não me ocorre nenhum outro caso excepcional como o da Indonésia.

Outro resultado da situação da Figura 2 é a formação de línguas crioulas. Na Guiné-Bissau, a presença dos portugueses em contato com mandingas, manjacos, wolofs, fulas, balantas e outros povos locais resultou no atual crioulo português. Algo parecido se deu na Serra Leoa e na Papua-Nova Guiné. Às vezes, a língua do colonizador permanece pidginizada, como acontece com o inglês na República dos Camarões. Mas pode acontecer de a língua do colonizador se impor como língua indigenizada, como está acontecendo com o inglês na Índia. Ele entrou aí por via culta, pela escola, mas está ganhando terreno a cada dia que passa. É um inglês com uma forte marca fonética das línguas locais, como as consoantes coronais retroflexas, mas é inglês.

A terceira situação de contato é a que está representada na Figura 3.

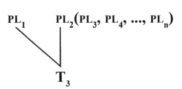

**Figura 3**

A Figura 3 representa os casos em que tanto o povo "mais forte" quanto o(s) povo(s) "mais fraco(s)" se deslocam para um terceiro território ($T_3$), que não é de nenhuma das partes. Frequentemente, esse território é uma ilha. Essa é a situação ideal para o surgimento de um pidgin e de um crioulo. Como exemplos, poderíamos citar Cabo Verde (crioulo português), a ilha Maurício (crioulo francês), as ilhas do Havaí (crioulo inglês) e as ilhas Seychelles (crioulo francês), além de grande parte das ilhas do Caribe. Quando a ilha é grande, pode acontecer de a língua do lado $PL_1$ se impor sem se criulizar, como aconteceu com o espanhol em Cuba e com o inglês na ilha-continente Austrália. É claro que outros fatores intervieram em cada resultado específico, mas a tendência geral é o que acaba de ser mostrado. Como pidginização e crioulização serão examinadas com relativo detalhamento no capítulo "Pidginização e crioulização", por ora basta o que ficou dito sobre esse tipo de contato.

O quarto tipo de contato de línguas da perspectiva do espaço é o da Figura 4.

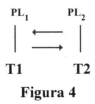

**Figura 4**

Há várias situações que se enquadram nesse modelo. A primeira se dá quando membros de PL₁ se deslocam, temporária ou sazonalmente, para o território de PL₂ e/ou membros de PL₂ se deslocam para o território de PL₁. É o caso dos russos que iam no verão para a região norte da Noruega, no final do século XIX e começo do século XX, a fim de trocar suas mercadorias por peixe. Apenas os russos se deslocavam, de modo que podemos considerá-los o lado PL₁. Desse contato surgiu um pidgin que passou a ser conhecido como *russenorsk*, que quer dizer exatamente "russo-norueguês". Esse pidgin tem um nome alternativo, *moya po tvoya*, literalmente "eu em tu", ou seja, "eu [falo] em [a] tua [língua]" (Broch, 1927). No mesmo caso estão as expedições comerciais (*hiri*) que o povo motu dos arredores de Port Moresby (Papua-Nova Guiné) fazia para trocar com povos distantes e aloglotas vasos de cerâmica e outros artigos por sagu, troncos para canoas e outros objetos. Dessa interação, surgiram dois tipos de língua de contato (pidgins). Outro caso é o de algumas situações fronteiriças, sobretudo quando há acidentes geográficos (rios, cadeias de montanhas). Nessas situações, cada um dos lados pode falar a própria língua quando se desloca para o T adjacente. Quando uma das línguas tem mais prestígio, tende a ser mais usada nas interações interlinguísticas. Inexistindo esse tipo de acidente geográfico, o mais comum é haver algum tipo de convergência linguística, como se vê no portunhol da fronteira entre Brasil e Uruguai. No capítulo "Situações fronteiriças", mencionarei diversos outros exemplos, embora estude detalhadamente apenas a situação de Chuí/Chuy, no extremo sul do Brasil.

Vejamos uma síntese dos fatores que podem influenciar nos resultados dos quatro tipos de contato. O primeiro fator é a **quantidade** de pessoas que se deslocam. Se for um grande grupo, tenderão a se manter juntas, dando lugar a uma rede de interações relativamente densa, o que propicia a manutenção ou imposição da própria língua. O segundo é o **tempo** de permanência no novo território. Se for por um curto período, praticamente nada (ou muito pouco) acontecerá. Se o contato perdurar, alguns dos resultados comentados podem se dar. Não podemos esquecer também a **intensidade** do contato, o que, aliás, está intimamente associado à quantidade. Tudo pode ser neutralizado pelo **poder** econômico, político e militar de cada um dos lados contatantes. Os europeus que se instalaram nas colônias, no início eram pouco numerosos. No entanto, devido ao seu poderio, acabaram dominando os quatro cantos do mundo. Outro fator que pode afetar os resultados do contato são as atitudes dos dois lados. Se o povo migrante, mesmo sendo um enclave e uma minoria, tiver uma atitude de **resistência cultural**, poderá fazer com que sua língua e cultura pelo menos demorem a ser assimiladas pela língua e cultura envolventes. Um bom exemplo são os ciganos pelo mundo afora. Depois de tudo isso levado em conta, a **semelhança/dessemelhança tipológica** entre as línguas contatantes pode influir no resultado. Por exemplo, a língua dos imigrantes italianos no Brasil e na Argentina se assimilou ao português e ao espanhol, respectivamente, muito mais rapidamente do que a dos japoneses e até a dos alemães.

Anteriormente eu já mencionei alguns resultados do contato de línguas, entre eles os pidgins e crioulos. Agora, eu gostaria de examinar esta questão mais detalhadamente, passando em revista os principais resultados do contato. Um terceiro resultado é constituído pelas línguas **duomistas** (*intertwined languages*). Trata-se das línguas que têm grande parte do vocabulário de uma fonte e a gramática de outra. A *media lengua* do Equador e o chamorro das ilhas Marianas estão nesse caso. A primeira é uma variedade de quéchua, cujo vocabulário foi em grande parte relexificado pelo do espanhol, mantendo a gramática quéchua. O segundo foi relexificado também pelo espanhol em acima de 60%, tendo mantido a gramática original. Para alguns estudiosos, até mesmo os crioulos estariam nesse caso. A teoria da relexificação (Lefebvre, 1997), por exemplo, afirma que o haitiano consta basicamente de itens lexicais franceses, aos quais foram atribuídos significados e propriedades gramaticais da língua africana fon. No entanto, quando se fala em línguas duomistas, em geral não se incluem os crioulos.

**56** Linguística, ecologia e ecolinguística

Uma quarta categoria é constituída pelas **línguas indigenizadas**. Trata-se de línguas que entraram em determinado país de cima para baixo, via pessoas cultas. O inglês na Índia, por exemplo, é dominado apenas pela elite. Por isso, ele tem um papel importante na escola, em alguns meios de comunicação impressos, em livros, nas comunicações inter-regionais (a Índia tem mais de 200 línguas, sendo 16 oficiais). No entanto, ele não representa praticamente nada para a esmagadora maioria do povo indiano. O mesmo se passa com o inglês em Cingapura.

Alguns autores falam em **línguas reestruturadas** (semicrioulos?), que incluiriam o português popular brasileiro, o inglês vernáculo negro americano, o africaner, o espanhol caribenho e o francês da ilha de Reunião, entre outros. Trata-se, segundo Holm (2000), de línguas que estão a meio caminho entre crioulos e não crioulos, daí o apelativo "semicrioulo". O conceito de reestruturação lembra muito o de **regramaticalização**, que é o que aconteceu com a variedade de romani dos ciganos calon do Brasil. Ela ainda conserva parte do vocabulário original, mas usado inteiramente no contexto da gramática portuguesa, ao lado de palavras também portuguesas, constituindo o que chamei de **anticrioulo**, pois nos crioulos e na maioria das línguas duomistas acontece o diametralmente oposto: substitui-se o vocabulário, mas se mantém a gramática original.

Nesse ponto seria interessante abrir um parêntese para chamar a atenção para o fato de que manter a gramática e substituir o vocabulário, ou vice-versa, tem a ver diretamente com a atitude dos falantes da língua que está mudando. Se oferecem resistência à assimilação da língua mais forte, tendem a manter pelo menos parte do vocabulário. Se essa resistência não está presente e/ou se desejam aprender a referida língua (caso dos falantes da *media lengua*), geralmente o que fica da língua original é a gramática, sendo o vocabulário substituído pelo da língua do mais forte, ou língua-alvo. Isso tem a ver diretamente com a questão do poder. Quem o tem, geralmente impõe o nome das coisas. O fato só não acontecerá se houver uma forte resistência cultural, resistência essa que se transformará em um tipo de poder.

Em síntese, a **relexificação** leva à maioria das línguas duomistas, excetuados os anticrioulos, e à maioria dos crioulos. Nesse caso os falantes podem usar expressões como *Fech die Janellen, es chuvt* (feche as janelas; chove), do alemão do sul do Brasil. Todos os itens lexicais são portugueses (fechar, janela, chover), mas a gramática é alemã.

Do ponto de vista dos atos de fala dos bilíngues, há também o que se tem chamado de *code-switching*. Trata-se, como o nome já sugere, do uso de material de duas ou mais línguas tanto dentro de uma mesma sentença quanto de uma sentença para outra. Os hispânicos bilíngues de Nova York produzem enunciados como os seguintes: (a) *Hablamos los dos. We speak both*; (b) *You could answer me en cualquier idioma* (Zentella, 1987). A própria autora faz isso.

Em todos os casos em que uma língua se vê sob forte influência de outra, sobretudo se é uma ilha linguística, passa a sofrer o que se vem chamando de **atrição**. Essa atrição leva a um inexorável processo de **obsolescência** linguística, que pode desembocar na **glototanásia**, ou seja, morte de língua.

Em Couto (1999), eu defendi a tese de que o contato de línguas nada mais é do que um tipo de comunicação interlinguística, ou tentativa de comunicação interlinguística. De fato, praticamente tudo na dinâmica da língua pode ser encarado da perspectiva do contato. As situações representadas nas Figuras 1 a 4, acima, enquadram-se todas nesse caso, ou seja, são casos de **contato interlinguístico**, que é a situação de contato prototípica. Mas há também o **contato intralinguístico**, que se manifesta de diversas formas.

A primeira é o **contato de dialetos**, que será estudado mais detalhadamente no capítulo dedicado ao multidialetalismo. Basta adiantar aqui que, para Uriel Weinreich, autor do clássico *Languages in contact: findings and problems* (1953), o contato de dialetos é da mesma natureza do contato de línguas. Isso decorre do fato de praticamente não haver diferença entre língua e dialeto. Trata-se mais de uma questão de poder. Assim, o povo que conseguir impor seu "dialeto" como língua tê-lo-á assim considerado. O povo que não tiver esse poder terá seu meio de comunicação considerado "dialeto". Não é para menos que já se disse que língua é um dialeto com um exército e uma marinha.

Segundo Mufwene (2001), a língua comunitária é um conjunto de idioletos, posição que está em sintonia com a visão da Gramática Gerativa. No final do século XIX, Hermann Paul também defendia essa tese. Por isso, podemos falar também em **contato interidioletal**. Se levarmos em conta que cada indivíduo tem uma linguagem diferente da dos demais (seu idioleto), todo ato de interação comunicativa (ato de fala) é um caso de contato interidioletal.

Um terceiro tipo de contato é o que se dá entre pais e filhos. Já falei da Lei das Três Gerações, a propósito da língua dos imigrantes. Pois bem, mesmo em uma comunidade relativamente estável, as línguas nunca são transmitidas intactas de geração para geração. Sempre ouvimos alguém dizer que os filhos ou os netos não querem falar a "boa linguagem", usam muita gíria e assim por diante. Isso acontece porque temos também o **contato intergeneracional**. O grosso da língua é transmitido de uma geração para outra. No entanto, cada nova geração introduz inovações nela. Os exemplos existem em profusão. Dois deles muito usados pelos jovens da atualidade são "véi" (< velho) e "carai' (<caralho). Sobretudo o segundo escandaliza muitos pais e avós, principalmente se dito por meninas.

O quarto tipo de contato de línguas que poderíamos aduzir é o contato **indivíduo-comunidade**. Sempre que uma criança vem ao mundo, entra em contato imediatamente com membros da comunidade na qual vai crescer e socializar-se. Ela entra em contato com a língua dessa comunidade via mãe, pai, irmãos e, frequentemente, amigos. Poder-se-ia alegar que ela ainda não fala nenhuma língua, motivo pelo qual não haveria contato. No entanto, como vem mostrando a Gramática Gerativa, ela já vem com a gramática universal (GU). Nesse caso, o contato se dá entre a GU, que já vem com ela, e a língua comunitária. A aprendizagem de L2 se assemelha mais à situação dos imigrantes, sobretudo a mostrada na Figura 1.

Uma língua pode interferir em outra mesmo sem haver contato direto entre membros de seu EFL com membros do outro, ou seja, mesmo na **ausência de contato**. Frequentemente, trata-se de contato erudito, via escrita, como se deu com o grego e o latim nas línguas da Europa. Houve uma época em que só se escrevia em latim, não em línguas vulgares. Às vezes, falantes de inglês, francês, alemão ou polonês escreviam livros inteiros em latim. A partir do final do século XIX e começo do XX, o francês assumiu esse papel. Tanto que na *Gramática metódica do português*, de Napoleão Mendes de Almeida, há um capítulo inteiro dedicado ao que chama de galicismos, ou seja, empréstimos franceses no português. Modernamente, é o inglês que exerce o papel de exportador de empréstimos linguísticos. Línguas tão diferentes quanto o português, o alemão e o japonês estão eivadas de anglicismos. No âmbito dos esportes e da informática é praticamente impossível comunicarmos uns com os outros sem o uso de termos ingleses ou de origem inglesa já adaptados.

A outra forma em que a ausência de contato pode ter a ver com mudanças na língua é por meio de um deslocamento no espaço diferente dos que foram discutidos acima. Quando um grupo de pessoas de determinada comunidade (EFL) se desloca e forma uma minicomunidade distante e isolada da original, deixa de haver interação entre os membros de ambas. Somando isso às interações (contatos) interdialetais, interidioletais e intergeneracionais, além de uma inevitável adaptação ao novo meio ambiente, a língua da mini comunidade desgarrada passa a ter uma deriva própria. A longo prazo isso pode redundar em uma nova língua. Um exemplo seria o inglês da ilha de Pitcairn que, segundo John Holm, seria um semicrioulo, mas, na verdade, já é outra língua. Isso, aliás, é muito semelhante à formação de variedades biológicas por grupos de populações que se isolam, o que frequentemente pode levar a uma diversificação, ou seja, à formação de uma nova espécie, adaptada ao novo meio ambiente, como se pode ver na *Origem das espécies*, de Charles Darwin.

## Leituras recomendadas

Um dos primeiros e mais importantes livros da atualidade dedicados ao contato de línguas é o de Weinreich (1953). Tendo por base o estruturalismo conhecido na época (o livro é prefaciado por André Martinet), o autor exemplifica sobretudo com os contatos de línguas na Suíça. Ele enfatiza os resultados do contato, mostrando os inúmeros tipos de interferência que se dão em cada caso específico. Do meio do livro em diante, ele fala dos aspectos socioculturais do contato. No final, trata um pouco dos métodos e das oportunidades que envolvem o contato de línguas. Como o contato normalmente se dá em bilíngues, ele encerra o livro com um apêndice sobre a questão de se o bilinguismo afeta a inteligência do indivíduo. Em sua opinião, isso não acontece.

Thomason e Kaufman (1988), complementado por Thomason (2001), pode ser considerado como um segundo clássico do contato de línguas. Eles encaram o fenômeno em questão da perspectiva da gramática comparada, ou seja, da Linguística Histórica, sob o nome de "Linguística Genética". Para eles, contrariamente ao que defendem muitos autores, todos os âmbitos da gramática de uma língua podem sofrer interferência da gramática de outra língua, não apenas o léxico. Além disso, eles enfatizam as causas externas, sócio-históricas, atribuindo um papel marginal às causas internas, estruturais, de novo à revelia de grande parte dos demais investigadores do assunto. A mudança linguística induzida pelo contato (na verdade todas o são) é encarada como um processo de adaptação, embora os autores não perfilhem uma orientação epistemológica ecológica nem darwinista.

Mufwene (2001), a despeito do título *The ecology of language evolution*, também é uma abordagem *sui generis* ao contato de línguas, tomando a Biologia (genética das populações) como ponto de apoio para erigir uma teoria do contato e da evolução linguística. Ele pode ser considerado o terceiro livro na história a introduzir uma nova perspectiva para o contato de línguas. Em Couto (1999, 2007), também se encontra uma extensa discussão sobre o contato de línguas, inclusive uma tipologia dos contatos.

A ideia de que o que entra em contato direto não são línguas, mas povos (ou partes deles), está discutida por Alain Kihm (Contact de langues: contact de quoi?", em: Jean Caudmont (org.), *Sprachen in Kontakt: langues en contact*, Tübingen, Gunter Narr, 1982, pp. 339-66), bem como em Serafim da Silva Neto (*Introdução ao estudo da língua portuguesa no Brasil*, Rio de Janeiro, Instituto Nacional do Livro, 1963, 2. ed., p. 128).

Para o contato de dialetos, pode-se consultar Peter Trudgill (*Dialects in contact*, Oxford, Basil Blackwell, 1986) e Elizaincín (1992).

Sobre o uso de conceitos ecológicos no estudo do contato de línguas, pode-se consultar Haugen (1972), Salzinger (1979), Fill (1993), Mufwene (2001) e Couto (2007).

# Ecologia da evolução linguística

Um ponto de partida interessante para se discutir a questão da evolução linguística é a passagem bíblica do Gênesis sobre a Torre de Babel. Ei-la:

> Ora toda a terra tinha uma só língua e um mesmo modo de falar. [...]. Disseram ainda [os homens]: vinde, façamos para nós uma cidade e uma torre, cujo cimo chegue até ao céu, e tornemos célebre o nosso nome, antes que nos espalhemos por toda a terra. O Senhor, porém, desceu a ver a cidade e a torre, que os filhos dos homens edificavam, e disse: eis que **são um só povo e têm todos a mesma língua**; começaram a fazer esta obra, e não desistirão do seu intento, até que a tenham de todo executado. Vamos, pois, desçamos e **confundamos de tal sorte a sua linguagem, que um não compreenda a palavra do outro**. Assim, o Senhor os dispersou daquele lugar por todos os países da terra, e cessaram de edificar a cidade. Por isso, lhe foi posto o nome de Babel, porque aí **foi confundida a linguagem de toda a terra**, e daí os espalhou o Senhor por todas as regiões.

Apesar de essa passagem ver na diversificação ou na evolução linguística (e no consequente multilinguismo) um castigo do Senhor, na minha opinião ela aponta para a direção certa. Para ela, no início a humanidade toda falava uma única língua, que teria se diversificado não só como castigo, mas também como consequência da dispersão dos povos pela face da Terra. Embora a monogênese da linguagem seja uma questão controversa, se é verdade que há uma relação entre evolução biológica e evolução linguística, e se a língua é uma espécie parasita da população, então há uma forte probabilidade de que no início havia um único povo, convivendo em um único território, o que teria levado ao surgimento de uma única língua. É claro que com muita variação interna, como acontece com toda língua natural. Em prol da monogênese biológica, temos toda a argumentação de Darwin (1951), inclusive a de que organismos de espécies diferentes são muito mais semelhantes entre si na fase

**62** Linguística, ecologia e ecolinguística

embrionária. Autores mais recentes defendem essa associação entre língua e população, como Cavalli-Sforza (2003), Mufwene (2001) e outros.

No presente capítulo pretendo discutir a questão da **mudança linguística**, ou **evolução linguística**, como sempre da perspectiva ecológica. Como salienta Mufwene,

> o termo **evolução** não sugere nenhum tipo de progresso de um estado menos satisfatório para um estado mais satisfatório, nem necessariamente de um sistema mais simples para um mais complexo ou vice-versa. Evolução não tem nenhum alvo [...] A mudança linguística é inintencional, é consequência de 'replicação imperfeita' nas interações de falantes individuais à medida que adaptam as estratégias comunicativas de uns às dos outros ou a novas necessidades.

Logo em seguida, o autor acrescenta que esses falantes "podem introduzir generalizações ou aumentar irregularidades, do mesmo modo que podem introduzir ou desfazer distinções úteis" (Mufwene, 2001: 11). Enfim, a preferência pela denominação "evolução linguística" em vez da mais tradicional "mudança linguística" se deve ao fato de a primeira tomar a evolução biológica como modelo, que não é teleológica.

Se for verdade que a língua é um dom biológico específico dos humanos, como Chomsky vem defendendo há muitos anos e como fica implícito na Figura 1 do capítulo "Ecologia da Interação Comunicativa", então ela deve ter uma história semelhante à da espécie de que é uma espécie parasita. Ora, como acabamos de ver, Darwin apresentou uma série de argumentos em prol de uma possível monogênese dos organismos animais. Com isso, a hipótese de uma monogênese de todas as línguas do mundo também não pode ser descartada de antemão. A diversificação linguística poderia ter se dado como se deu a dispersão dos hominídeos pela face da Terra. Um contemporâneo de Darwin, August Schleicher, formulou a **hipótese da árvore genealógica** (*Stammbaumtheorie*) que, no final das contas, pressupõe uma monogênese. É interessante notar que sempre que se fala de determinado grupo de línguas se parte do pressuposto de que deve ter provindo de um tronco comum. Isso lembra a argumentação de Darwin de que quanto mais recuamos no tempo, mais os seres se parecem. Na ontogênese, que segundo Haeckel reproduz a filogênese, quanto mais novos os organismos, mais eles se parecem. Já foi demonstrado que entre os hominídeos e os pôngidas há apenas 2% de diferença no DNA. Se tudo isso for válido, parece que a hipótese da gramática universal faz certo sentido. Ela seria o fundo comum hereditário no nível da linguagem.

É de se notar que sempre houve diversificação biológica e linguística, desde o início dos dois processos. Porém, como já foi observado, no momento parece que está ocorrendo o contrário, um processo de convergência, devido ao contato de línguas. Na verdade, essa convergência se iniciou com as conquistas da Antiguidade, tendo sido acelerada pela expansão da Europa e o mercantilismo (primeira fase do capitalismo), a partir da Renascença, e acirrada na atualidade pelo processo de globalização. Está havendo uma convergência (redução) biológica e cultural, visíveis na extinção de espécies e de línguas, bem como no consequente predomínio de monoculturas (eucalipto, pinus, soja) e monolinguismo (inglês).

Há também a **mudança de língua** (*language shift*), que se dá quando um grupo de falantes deixa a própria língua e adota a língua de outro grupo. Isso mostra que há muita afinidade entre evolução linguística e apropriação (aquisição e aprendizagem) de língua. Em suma, na mudança/evolução linguística geralmente a língua é mantida, embora de modo alterado. Na mudança de língua, o grupo que a fala a substitui por outra. No primeiro caso, é a língua que se transforma, mantendo sua identidade; no segundo, é a população, abandonando a própria língua original e adotando outra.

Thomason e Kaufman (1988: 49) afirmam que as chamadas línguas mistas, como os pidgins, os crioulos e outras, têm origem não genética, uma vez que não se enquadrariam na representação cladística da árvore genealógica. Elas seriam o resultado de transmissão irregular, anormal. Seriam "criações linguísticas novas, elas não representam nenhuma espécie de transmissão, lenta ou abrupta – nem a tradição de uma língua alvo adotada nem a tradição de uma língua mantida". Mufwene (2001) rechaça essa ideia de modo bastante convincente. Na verdade, não existe transmissão irregular nem, muito menos, línguas não genéticas. Se elas existissem, seriam resultado de geração espontânea? Isso só seria possível se isolássemos um grupo de crianças em uma ilha, para crescer sem nenhum contato com o mundo exterior, como Derek Bickerton tentou fazer. Se daí surgisse uma língua específica, tratar-se-ia de uma língua não genética. Fora dessa hipótese, pode até não haver transmissão de todos os traços de determinada língua, mas sempre haverá transmissão de alguns traços da família linguística, mesmo que não sejam todos de uma única fonte. Alguns exemplos do contato de línguas comentados no capítulo "Conceituando contato de línguas" estão nesse caso.

**64** Linguística, ecologia e ecolinguística

O problema é que aqueles que acham que há línguas não genéticas pensam sempre na árvore genealógica do tipo comparatista, segundo a qual cada língua só tem um ancestral imediato, a mãe. Nesse caso, seriam línguas "sem pai", "de mãe solteira?". Mas, assim como na genética sempre há transmissão de genes na história das populações, do mesmo modo tem que haver transmissão de traços na evolução linguística. Não há possibilidade de surgimento de uma língua sem transmissão de traços (genes). A ecologia da evolução linguística vê genes de "progenitores" nas línguas mistas. Basta observar as descrições das línguas crioulas, algumas das quais já se encontram relativamente bem estudadas. Praticamente todos os traços de suas gramáticas podem ser filiados a uma ou outra língua com que entraram em contato em sua formação. Claire Lefebvre, por exemplo, vem demonstrando, a propósito do crioulo francês do Haiti, que o básico de seu vocabulário provém do francês e que sua gramática e padrões semânticos básicos provêm da língua de substrato africana fongbe. É claro que essas línguas podem inovar, criar traços novos que inexistiam nas antecessoras, assim como em genética há mutações, mas isso é a exceção, não a regra. A regra é a transmissão de genes (traços).

Na passagem de traços de uma língua para outra, no caso do contato, a resistência cultural pode funcionar como um freio, não permitindo pelo menos algumas interferências. Além disso, temos fatores internos. Quanto mais diferentes tipologicamente as línguas em contato, menos provável será que haja uma grande quantidade de interferências, pelo menos se outros fatores não intervierem. Vejamos um caso em que outros fatores interferiram. O inglês e o japonês não têm nada em comum. No entanto, devido à invasão do Japão pelos Estados Unidos durante a Segunda Guerra Mundial, além do processo de globalização, tem havido empréstimos maciços do inglês no japonês. Do italiano para o espanhol, e vice-versa, as interferências se dão com muito mais facilidade, inclusive sem dominação política e/ou militar. Tanto que os imigrantes italianos na região platina da Argentina passaram todos a falar espanhol em um tempo relativamente curto. É claro que, como sempre, outros fatores podem intervir, entre eles o isolamento territorial, como ocorre com algumas "colônias" italianas no sul do Brasil. Os italianos da cidade de São Paulo, no entanto, se assimilaram por completo.

Além disso, traços não marcados são mais facilmente transmitidos de uma língua para outra, embora não de modo mecânico; sempre pode haver fatores que influenciem em sentido contrário. Encarada do ponto de vista da EIC, pode-se dizer que tudo o que é dispensável para uma comunicação precária é dispensado. Assim, dificilmente se transmitem traços marcados como o infinitivo pessoal do português, formas como "cujo", certas regências verbais (cf. "aspirar a"), flexões em todas as palavras (toda*s* a*s* menina*s* chegar*am* atrasada*s*: todos os morfemas em negrito estão marcados para feminino e todos os que estão em itálico estão no plural). No português rural só o artigo se flexiona para número.

Para complicar as coisas, há traços recessivos, latentes, que não se manifestam em superfície, assim como em genética pode haver genes que não se manifestam no filho, mas que podem emergir de novo no neto. As palavras portuguesas que têm as consoantes /ʎ/ e /ñ/ no aclive da penúltima sílaba não podem ser proparoxítonas. Formas como *águlha e *arréganha são fonologicamente agramaticais. Por quê? A única explicação que encontrei para o fato é que haveria um traço herdado do latim, mas que já não se manifesta em superfície. Esses fonemas inexistiam no latim. Uma palavra como "filho" provém de *filiu*, o que significa que o fonema /ʎ/ proveio da sequência /li/ ou /lj/. A língua manteria esse "gene" (traço) de modo latente em "filha", mas patente em formas derivadas como "filial". Assim, *águlha seria sentida como se fosse */'a.gu.li.a/, o que daria acento na quartúltima sílaba, fato não admissível pelas regras de acentuação do português. O mesmo se aplicaria ao /ñ/ de *arréganha, como se pode ver na forma "manha", de *mánia* do latim tardio. O fonema /ñ/ provém da sequência /ni/ ou /nj/, com o que os falantes de português sentiriam que *arréganha seria, subjacentemente, */a.ˈxè.ga.ni.a/, proproparoxítona, portanto, também agramatical.

Entre os outros casos de configurações silábicas que não podem ser proparoxítonas, temos aqueles em que a última sílaba começa por /x/, como *ágarra [ˈa.ga.xa]. Para entender essa restrição, é preciso recuperar a diacronia. Imediatamente, a fricativa velar [x] veio da vibrante múltipla uvular [R] que, por seu turno, proveio da vibrante múltipla alveolar [r] (como *perro*, "cão" do espanhol). Esta última, por fim, proveio da sequência latina [rr], como em *terra* (terra), que consistia efetivamente em uma geminada, ou seja, duas consoantes. A sequência evolutiva foi, resumidamente, rr > r > R > x. A divisão silábica em latim era *ter.ra*, com a penúltima sílaba pesada ("longa" em latim), por ter coda. Sabemos que nessa língua, quando a penúltima sílaba

**66** Linguística, ecologia e ecolinguística

era pesada (longa), a palavra tinha que ser paroxítona, isto é, não podia ser proparoxítona. Pois bem, parece que o falante de português ainda sente que a geminação subsistiria no fonema /x/ em estrutura subjacente, mesmo não se manifestando mais foneticamente em grande parte dos dialetos, embora na escrita sim. Só a latência desse traço (gene) explicaria a restrição.

Há outros casos de restrição à proparoxitonidade. Assim, temos "Ananindêua", mas "*Ananíndeua" não é possível; do mesmo modo, "azagaia" é possível, mas "*azágaia" não. Nesse caso, a fonologia autossegmental mostrou que as palavras são silabificadas como /a.na.nin.'dew.wa/ e /a.za.'gaj.ja/, com o que a penúltima sílaba contém um ditongo, logo, é pesada. Vale dizer, não pode ser proparoxítona. Esses fatos são argumentos em prol da abordagem de Mufwene (2001) à evolução linguística, que toma a genética das populações como base. Assim, um gene (traço) que não se manifesta mais continua existindo de modo latente, ou seja, trata-se de gene recessivo. Pode até ser que no futuro ele volte a se manifestar foneticamente.

A tese principal aqui defendida é que toda mudança linguística tem a ver com o contato. Para tanto é necessário reconhecer os diversos tipos de contato mencionados no capítulo "Conceituando contato de línguas". São eles (i) o contato interlinguístico, ou contato de línguas propriamente dito, e o contato intralinguístico. Este último compreende (ii) o contato de dialetos e (iii) o contato de idioletos. Vimos que há também (iv) contato entre gerações (contato intergeneracional) e (v) o contato do aprendiz com a língua a ser adquirida. Até certo tipo de (vi) ausência de contato pode levar à mudança, como quando falantes de determinada língua se desgarram da comunidade-mãe de falantes. Esse isolamento territorial pode levar a uma deriva própria, por se desligarem esses falantes da história da comunidade original e por passarem a ter contatos intralinguísticos próprios, como adaptação ao novo meio. De qualquer forma, o fator essencial neste último caso é o espaço, que exerce um papel fundamental na dinâmica das línguas, dado que leva os indivíduos a interagirem entre si. Os pretensos casos de causalidade interna da mudança linguística, na verdade, têm a ver com contato de dialetos ou de idioletos, que leva a uma "replicação imperfeita", como diz Salikoko Mufwene. No contato intergeneracional, que abrange a aquisição de língua pela criança, a língua nunca é transmitida exatamente como existia na geração transmissora.

A partir daqui, vou examinar um pouco da evolução do português a fim de demonstrar que praticamente toda mudança que houve em sua história se deveu ao contato com outras línguas, fato que levou à competição de formas e à seleção de uma ou outra delas. Começo pelo latim, em Roma e arredores.

A formação da língua latina tem tudo a ver com o contato de línguas e com o território em que ele se deu. Em Roma e arredores havia diversos povos e respectivas línguas. Havia as línguas do grupo itálico, que compreendia os subgrupos osco (língua dos antigos samnitas), úmbrio (ao norte) e sabélico (de que quase nada se conhece), e o grupo latino, representado sobretudo pelo latim. Além deles, havia a presença de gauleses, pelasgos (da Ilíria), sículos (talvez da Ibéria) e os famosos etruscos, cuja língua até hoje é um mistério. O poder de Roma foi se impondo, de modo que começou a surgir uma língua literária, mais tarde chamada de *sermo urbanus* (latim clássico), por oposição à língua do povo, o *sermo vulgaris* (latim vulgar). É este latim vulgar, não o literário ou clássico, que foi levado para a península ibérica. Ele apresentava muitas diferenças relativamente ao clássico, em todos os níveis, ainda em Roma.

No *sermo vulgaris*, havia preferência por palavras compostas, derivadas ou expressões perifrásticas (cf. *ovicula*, por *ovis*; *hac hora*, por *nunc*). Mais tarde, começaram a aparecer as glosas, listas de palavras cultas com equivalentes em linguagem popular (*pulchra = bella, canere = cantare, femur = coxa*). Na fonética, dava-se redução de ditongos (cf. *plostrum*, por *plaustrum*; *orum*, por *aurum*), enfraquecimento e queda de consoantes intervocálicas (cf. *rius*, por *riuus*; *paor*, por *pauor*), perda da aspiração (cf. *omo*, por *homo*; *abere*, por *habere*), deslocamento do acento tônico (cf. *intégrum*, por *íntegrum*; *cathédra*, por *cáthedra*; *muliéris*, por *mulíeris*) e, sobretudo, queda da vogal postônica (cf. *speclus*, por *speculus*; *oclus*, por *oculus*; *veclus*, por *vetulus*) registrada no *Appendix Probi* (ver Serafim da Silva Neto, *Fontes do latim vulgar*, Rio, Livraria Acadêmica, 1956). Na morfologia, houve redução das cinco declinações a três, redução dos casos a praticamente nominativo e acusativo, desaparecimento do gênero neutro, transformação dos superlativos sintéticos em analíticos (cf. *plus/magis certus*, no lugar de *certior*; *multum justus*, no de *justissimus*), substituição da passiva sintética pela analítica (cf. *amatus sum*, em vez de *amor*; *captus sum*, em vez de *capior*) e do futuro sintético pelo analítico (cf. *amare habeo*, por *amabo*; *audire habeo*, por *audiam*), entre muitas outras mudanças, como as da sintaxe (construções analíticas em vez de sintéticas, preposições em vez de casos, diferença na regência dos verbos, alteração na ordem das palavras e outras). Tudo isso devido ao processo de contato de

**68** Linguística, ecologia e ecolinguística

línguas e de dialetos, resultando em uma convergência na direção do dialeto de Roma. É esse latim já alterado que foi levado para a península ibérica.

Quando os romanos chegaram à península ibérica, encontraram uma situação sociolinguística tão ou mais complexa que aquela em que o latim emergira. Já existiam no local povos de cultura capsense do sul de Portugal e da Andaluzia atuais até a região norte da atual Catalunha, ou seja, os iberos, os cônios e os vetões. É provável que palavras como *barro, lama, balsa, lousa, gordo, cama, cachorro* e *piçarra* provenham do ibérico. Havia também povos cantábrico-pirenaicos, como os bascos e os ástures. Um pouco mais tarde, vieram povos ambro-ilírios, de raiz lígure, que ocuparam o Norte de Portugal, a Galiza, Astúrias e Leão ocidental. A partir do século VIII a.C., vieram os celtas, que empurraram os povos autóctones para o norte da península. Como reminiscências da língua desse povo, temos os elementos *-briga* e *pen-* que ocorrem nos topônimos *Conímbriga, Turóbriga, Arcóbriga; Penafiel, Penalva* e *Penaguião*, além de *Braga, Douro, Lima, Corunha, Tâmega* e outros. O antropônimo *Viriato* também é celta. No vocabulário geral do português, são de origem celta, entre outros, *camisa, saia, cabana, cerveja, légua, salmão, carro, carpinteiro, brio, vassalo, arar, tona, manteiga, parra, caminho, gato, cavalo, bico, trado* e *lança*. Segundo alguns autores, certas mudanças fonéticas, como a sonorização de /p, t, k/ em posição intervocálica e outras se devem também ao substrato celta, o que é duvidoso, pois pode tratar-se simplesmente de processos assimilatórios. De qualquer forma, a influência celta foi tão grande que se falou na fusão deles com os iberos, resultando no termo celtiberos.

Outros povos andaram pela península, como os fenícios e os cartagineses. Eles tiveram apenas entrepostos de comércio ao longo da costa atlântica (Cádis, Barcelona) e no Mediterrâneo (Málaga, Algeciras, Tarifa). A despeito disso, é altamente provável que sua presença tenha tido algum tipo de influência na complexa situação sociolinguística ibérica. Prova disso seriam palavras como *malhada, malha* e *mapa*.

Entre 218 e 197 a.C., os romanos tomam conta da península e, talvez devido à diversidade de povos e línguas, acabam impondo a própria língua e cultura a eles. Mas o fato mais importante é que eram mais fortes militar, econômica e culturalmente. Assim que chegaram, dividiram a região em duas províncias: Hispânia Citerior (Tarraconense) e Hispânia Ulterior (Bética e Lusitânia). A língua que trouxeram era um latim popular (vulgar), já alterado antes de sair de Roma, como atestam diversos documentos e como já foi visto anteriormente. Essa língua se aclimatou sob a forma de diversos dialetos, que mais tarde resultariam em línguas como português, espanhol e catalão.

No caso específico do português ou, inicialmente, do galaico-português, houve continuidade das diferenças que o latim popular romano (*sermo vulgaris*) apresentava frente ao latim clássico ou literário (*sermo urbanus*). Tendências que já se manifestavam no próprio latim, em Roma, se acirraram devido ao contato com as línguas da península ibérica, além do contato que deve ter tido com as línguas dos territórios pelos quais os romanos foram passando. O quadro vocálico é o mesmo que existe ainda hoje, com sete vogais. Nas consoantes, /k, g/ se palatalizaram quando seguidas de /i/, no próprio latim popular. Assim, palavras como *ciuitatem* e *centum*, que no latim clássico eram pronunciadas como [kiwi'tatem] e ['kentum], respectivamente, já haviam passado a [kyiwi'tatem] e [kyentum] (palatalizado) no latim vulgar. A evolução continuou, passando por [tši] e [tsi] até chegar aos *cidade* e *cento* atuais. O fato é que o galego-português tinha os seguintes fonemas inexistentes no latim: /ts/ (*cidade, cem, preço, praça, faço*); /dz/ (*prezar*); /dj/ (*gente, hoje, vejo*); /tš/ (*roxo*); /ʎ/ (*filho*); /ñ/ (*senhor, tenho*).

Houve outras inovações fonológicas no galego-português. Os grupos latinos iniciais /pl, kl, fl/ evoluíram para /tš/, com estágios intermediários, entre os quais a palatalização do /l/. Com isso, *plenu* virou [tšeju], *clamare* virou [tša'mar] e *flagare* virou [tšej'rar]. Com a expansão da língua para o sul do país, houve uma desafricativização, de modo que essas palavras passaram a ser pronunciadas como [ša'mar] e [šej'rar]. É importante observar que, em outros casos, os mesmos grupos consonantais evoluíram para /pr, kr, fr/, no próprio galego-português. Assim, temos *placere* > *prazer*, *clavu* > *cravo*, *flaccu* > *fraco*. Posteriormente, os escritores pinçaram diretamente do latim clássico palavras que contêm os referidos grupos consonantais, tais como *pleno, clima, flauta, bloco*. Grande parte das palavras proparoxítonas também foi pinçada diretamente do latim clássico por eruditos, depois que a língua já estava formada. Houve diversas outras evoluções fonéticas, como a queda de alveolar intervocálica (*calente* > *quente, nudu* > *nu, bona* > *boa*).

Na morfologia, transformou-se o futuro analítico em sintético (*amare habeo* > *amarei*). As palavras terminadas em nasal continuam com os plurais diferentes (*mãos, cães, leões*). No singular, no entanto, convergem para a terminação *-ão*

**70** Linguística, ecologia e ecolinguística

(*manu* > *mão*, *cane* > *cão*, *leone* > *leão*). Surgiu o gerúndio e assim por diante. Teyssier (1990) e Bueno (1967) apresentam um quadro bastante detalhado das principais inovações que se deram na morfologia do galego-português.

Na sintaxe também há uma série de inovações, como o uso quase obrigatório do pronome sujeito e a ordem svo (sujeito-verbo-objeto). Houve uma reestruturação em larga escala. Havia muitas incertezas na composição do período, certa preferência pela parataxe, dupla negação (*ninguém não me deseja, nenhum velho não tem siso natural*). Em suma, houve muita inovação sintática relativamente ao latim vulgar, mas muita coisa já não existe no português atual.

A situação permaneceu relativamente estável até 409 d.C., quando começaram as invasões germânicas. Primeiro vieram os suevos e os vândalos. Os primeiros fundaram um reino na Galiza. Os segundos se fixaram na Andaluzia (<Vandaluzia), tendo chegado até o norte da África. Vieram também alanos, rapidamente vencidos. Por último, vieram os visigodos, que subjugaram praticamente toda a península, constituindo sua capital em Toledo. Se venceram os iberos romanizados, os germanos não conseguiram impor sua língua nem sua cultura. Pelo contrário, assimilaram-se aos povos românicos. O que deixaram nas línguas locais são alguns itens lexicais, tais como *guerra, elmo, trégua, roubar, bando, bandeira, baluarte, escaramuça, dardo, brandir, galopar, arauto, feudo, roca, estaca, guante, orgulho, gala, aleive, rico, branco, fresco, tacanho, franco* e, provavelmente, os sufixos *-engo* e *-ardo* (*realengo, flamengo; galhardo, bastardo*). Deixaram também muitos nomes próprios, como *Rodolfo, Teodorico, Hilda, Resende, Alvarenga, Álvaro, Fróis, Cardim* e *Geraldo*.

Em 711, sobreveio a invasão dos árabes (mouros), comandados por Tarik. Chegaram à península e atravessaram os Pirineus, mas foram derrotados em Poitiers por Carlos Martel, avô de Carlos Magno, em 732. Por serem de uma língua, cultura e religião bastante diferentes das dos povos locais, nunca conseguiram impor-se por completo, nunca tendo dominado a região norte, de onde partiria o movimento de reconquista, comandado por Pelágio. Talvez a maior influência moura tenha sido mediante os chamados **moçárabes**, cristãos arabizados, mas que conservaram muito da cultura romano-cristã. O que ficou da língua árabe é uma quantidade razoável de palavras, muitas delas começadas por *al-*, que é o artigo nessa língua. Eis alguns exemplos: *álcool, alferes, alfaiate, algarismo, almofada, alfândega, almoxarife, álgebra, algema, alface, alfazema*. Em algumas delas houve alteração fonética no *al-*, como em *armazém, açúcar, azeite, agrião, arrouba* e outras. Algumas entraram sem o *al-*, como *califa, emir, enxaqueca, xarope, cáfila, cifra* e *javali. Fulano* e *oxalá*, bem como a preposição *até*, também foram deixados pelos árabes. Ficaram também alguns topônimos, como *Alcântara* (= a ponte), *Almada* (= a mina), *Algarve* (= o Ocidente). Aparentemente, não houve influência morfossintática árabe no romanço. Em 1492, foram vencidos definitivamente, tendo os reis católicos tomado conta do reino de Granada.

De certa forma, a contribuição de todos esses povos ao vocabulário português e espanhol confirma a tese de que quem manda impõe o nome. No caso, como os romanos eram mais fortes política, econômica e militarmente, impuseram acima de 90% do próprio léxico em detrimento do das línguas locais, embora a morfossintaxe tenha se alterado bastante devido não só ao distanciamento em relação a Roma, mas sobretudo ao contato com as línguas locais. Os germânicos se assimilaram cultural e linguisticamente, porém como chegaram como dominadores, deixaram pelo menos um pouco de vocabulário. Os árabes, também dominadores, mas portadores de uma cultura muito diferente da românica e da germânica, deixaram mais itens lexicais do que os germânicos, mesmo sem ter se assimilado às línguas e culturas locais. O fato é que o dar nome está associado de alguma forma a poder.

Durante as lutas pela reconquista da península ibérica, D. Afonso vi, rei de Leão e Castela, outorgou a província de Leão situada entre os rios Minho e Mondego ao conde de Borgonha, D. Henrique, província chamada de Condado Portucalense. O rei deu-lhe também a mão de sua filha natural D. Tareja. Com a morte de D. Henrique, D. Tareja, que se aproximara de um fidalgo galego, desentende-se com o próprio filho D. Afonso Henriques. Este toma à força o governo e vence Castela na famosa batalha do Campo de Ourique, em 1140, tendo o papa Inocêncio ii reconhecido o seu reino. Foi o que faltava para o início da consolidação da **língua galaico-portuguesa**, diferente da linguagem da região sul, mais arabizada, mas independente dos outros dialetos ibéricos. D. Afonso Henriques inicia um processo de conquista das regiões sulinas, com o que o centro do novo país passou a ser Lisboa, e com isso surgiu um tipo de português comum (coinê). Enfim, foi o reconhecimento de um território próprio, juntamente com a autonomia política que garantiu o nascimento da língua portuguesa (o primeiro documento da literatura portuguesa, a "cantiga de garvaia", data de 1189). O fato de D. Dinis (1261-1325) ter ordenado

**72** Linguística, ecologia e ecolinguística

que se usasse o português e não o latim foi outro fator que impulsionou o desenvolvimento da língua portuguesa.

No léxico do galego-português e, posteriormente, do português, houve outras fontes de enriquecimento, mediante empréstimos. Devido à presença da dinastia de Borgonha, das ordens de Cluny e de Cister, bem como a chegada de muitos franceses e a influência da literatura provençal, houve muitos empréstimos da língua francesa (*dama*) e da provençal (*assaz, alegre, rouxinol, freire, trobar*), além de muitos que podem ser vistos na lírica trovadoresca. Não se pode esquecer a contribuição lexical que o cristianismo trouxe a todas as línguas da Europa Ocidental, aí incluídas as ibéricas e, entre elas, o português. Alguns exemplos portugueses escolhidos ao acaso são: *apóstata, arcebispo, bautiçar (baptizar), anjo, santo, Deus, igreja* etc.

Mal a língua portuguesa acabara de se formar a partir do galaico-português, tem início a arrancada dos portugueses para as chamadas Grandes Navegações, que se iniciaram com a tomada de Ceuta em 1415, logo após a qual chegaram ao cabo Não e, em seguida, ao cabo Bojador (1434), atingindo o cabo Verde (onde se localiza Dakar) em 1444. O fato é que no final do século xv, os portugueses estabeleceram feitorias no rio São Domingos e no rio Grande. Em 1588, edifica-se uma fortaleza em Cachéu. Enfim, está iniciado o processo (ou a tentativa) de estabelecimento do português ao longo da chamada costa da Guiné, na África Ocidental. O que ficou na região é o que atualmente se chama crioulo português da Guiné-Bissau e Casamansa, esta atualmente no sul do Senegal. Em outras regiões do Oriente surgiram outros crioulos e outras variedades de português, assunto que não vou desenvolver aqui, remetendo o(a) leitor(a) a Couto (1996).

No Brasil, o português passou por mudanças um pouco diferentes. Quando a esquadra de Cabral aportou em Porto Seguro em 1500, não houve nenhuma influência da língua tupinambá local no português nem deste naquela, como se deduz da *Carta* de Caminha (talvez, a única palavra que os portugueses tenham levado nessa viagem seja *ybyra-piranga*, "pau-brasil"). No entanto, nos primeiros núcleos de colonização que começaram a surgir ao longo da costa (São Vicente [1532], Piratininga [1554], Santos [1536], Salvador [1549], Rio de Janeiro [1565] etc.), começou a haver um contato relativamente intenso entre português e línguas ameríndias, sobretudo tupi (mais ao sul) e tupinambá, do Rio de Janeiro para cima. No planalto de Piratininga surgiu, do contato dos tupis e outros povos com os portugueses, a chamada **língua geral**. Por volta de 1694, ela era a língua principal dos habitantes da região, sobretudo dos mamelucos. Continuou a base tupi, mas altamente simplificada nesse contato, como se pode ver em Rodrigues (1996). A língua geral foi levada pelos bandeirantes a Minas Gerais, Goiás, Mato Grosso, Mato Grosso do Sul e outras regiões. Por isso, mesmo onde não havia povos tupis, tupinambás ou guaranis surgiram topônimos de origem na língua geral, como veremos em breve. Essa língua geral começou a desaparecer no século XVIII, de modo que no começo do século XIX ela praticamente já estava substituída pelo dialeto caipira (Amaral, 1982).

Além dessa língua geral, ou língua geral paulista, no Maranhão e Pará surgiu a língua geral amazônica, de base tupinambá, a partir do século XVII. Ela era falada pelas tropas e missões, que foram penetrando o vale do Amazonas. Foi instrumento de catequese e da política portuguesa até o século XIX. Mais tarde, ela foi levada até o alto rio Negro. Sob o nome de **nheengatu** ela é usada até hoje, embora bastante modificada. No entanto, essa língua geral não teve muita influência no português em geral.

Houve influência também da língua e cultura portuguesas nessas variedades de língua tupi-guarani, sobretudo devido à ação dos jesuítas. Assim, *tupã* (gênio do trovão e do raio), passou a indicar "Deus", *tupã sy* (mãe de tupã) passou a equivaler a "Nossa Senhora", *ybaka* (firmamento) virou "céu" (contrário de inferno). Entre os itens lexicais que entraram nelas, temos *Peró* (Pedro), *kabaru* (cabalo), *kurusu* (cruz) e *kabará* (cabra). Algumas palavras étnicas mudaram de sentido, como *kauim* (cauim) > vinho, *jaguara* (onça) > cão, *tapiira* (anta) > boi. Os seres originalmente designados por eles passaram a sofrer o acréscimo da partícula *eté* (verdadeiro), com que temos *kauim-eté* (cauim), *jaguar-eté* (onça), *tapiir-eté* (anta).

Vejamos alguns termos de origem tupi (ou da língua geral) que ficaram no português. Trata-se de uma seleção bastante reduzida.

| | |
|---|---|
| **Caatinga** | < kaa+tinga 'mato branco' |
| **Caboclo** | < kaá+bok 'procedente do mato' (var. *caboco*) |
| **Capenga** | < akang 'pescoço' + peng 'torto' |
| **Capoeira** | < kaá + puera 'mato extinto' |
| **Embira** | < mbira 'o descascado, o tirado da casca' |

# 74 Linguística, ecologia e ecolinguística

| | | |
|---|---|---|
| **Guri** | < | guiri 'bagre' ou güyry 'pequeno' |
| **Jururu** | < | juru+ru 'pescoço pendido; triste' |
| **Mandioca** | < | many+oga 'casa de mani' |
| **Nhem-nhem-nhem** | < | = nhe'eng 'falar' |
| **Paçoca** | < | passok 'esmigalhar' |
| **Peteca** | < | petek 'bater com a palma da mão' |
| **Piracema** | < | pirá+assema 'saída do peixe' |
| **Pirão** | < | pirõ 'papa grossa, crosta' |
| **Sapecar** | < | sapek 'chamuscar, crestar ao fogo, tostar' |
| **Socar** | < | soka 'chuçar, pilar, socar' |
| **Tapera** | < | tab+era 'aldeia extinta, ruína, onde existiu uma povoação' |
| **Toca** | < | toka (forma absoluta de *oka*, 'casa') |
| **Vossoroca** | < | yvy+soroka 'terra rasgada' (var. ubussoroca, bussoroca, bossoroca) |
| **Xará** | < | = xe rera-á 'o que é tirado do meu nome' (variante: *xera*) |
| **Xereta** | < | = cheireta (*Houaiss*), mas pode haver cruzamento com *xe rera* 'meu nome' |

As áreas em que houve mais contribuição tupi são a toponímia, a flora e a fauna. No âmbito da toponímia poderíamos citar *Anhangabaú, Caraguatatuba, Uberaba, Paraná, Ibitinga* etc. Na flora, temos, entre outros, *peroba, ipê, cipó, abacaxi, caju, ingá, gravatá, jacarandá* etc. Na fauna, *anum, arara, mandi, piaba, jaguatirica, tatu, urubu* etc. Temos também os adjetivos *mirim* (guarda-mirim) e *jururu* (triste), entre outros. Em Couto (2000), eu tentei filiar o sufixo *-eba* à língua geral. Ele ocorre em formas como *manqueba, natureba, patureba* etc. Segundo alguns autores, expressões como "estar na pindaíba" e "ficar uma arara" também seriam de influência tupi (língua geral). Mas isso já é um tanto discutível.

A partir de 1538 teve início a importação de escravos africanos. Os de origem banto sempre predominaram, perfazendo acima de 50% dos escravos. Só nos primeiros anos os escravos provenientes do grupo oeste-atlântico, mande e kru foram mais numerosos, chegando a 54%, somando-se os dos três grupos. Os iorubás vieram bem mais tarde, mas passaram a ter um papel muito importante na Bahia. Houve sempre mistura de pessoas de origens diferentes, o que levou alguns autores a afirmar que houve línguas gerais africanas. Uma delas seria o nagô, ou seja, iorubá na Bahia; outra seria de base quimbundo ou congolesa, no norte e no sul do país. Houve uma concentração de ewes nas Minas Gerais, de gente da Costa de Mina na Bahia, de bantos no Rio de Janeiro etc. O que resta dessa forte presença africana no Brasil são alguns resquícios de africanismos lexicais em ex-quilombos (Cafundó em São Paulo, Bom Despacho e Calunga em Patrocínio, Minas Gerais etc.) e em rituais afro-brasileiros.

Devido a esse intenso contato que os falantes de português tiveram com essas línguas, ficaram alguns resquícios delas nos português brasileiro em geral. Os mais conspícuos são os lexicais. Entre eles temos os seguintes:

**bamba** (< kimb. *mbamba* 'mestre, pessoa insigne') 'pessoa que é autoridade em determinado assunto'

**banguela** (< kik. *bangala* 'fender, rachar') 'desdentado ou que tem a arcada dentária falha na frente'

**bunda** (< kik./kimb. *mbunda* 'nádegas, ânus') 'nádegas'

**cacunda** (< kimbund *kakunda* 'corcova, giba') 'dorso, costas; que roga praga pelas costas'

**carimbo** (<kik/kimb/umb. *ka-, kindinbu* 'marca') 'selo, sinete, carimbo'

**caxumba** (< kik. *mavumba*/kimb. *kulukumba*) 'parotidite, papeira'

**dengo/dengue** (<kik/kimb. *[mu]ndengue*) 'manha, treta, birra de criança, melindre feminino, faceirice'

**jiló** (< kik/kimb *njilu*) 'fruto do jiloeiro, de sabor amargo'

**lelé** (< kik *lele*; fon/ior. *ilé*) 'maluco, adoidado; ingênuo, indolente, simplório'

**macaco** (< kik. *makaaku*, pl. de *kaaku*) 'símio'

**moleque** (<kik/kimb/umb. *mi/mu/a-nleeke*) 'menino, garoto, rapaz; meninote negro'

**quitute** (< kik. *(ki)lute*) 'petisco, iguaria de apurado sabor'

**sacana** (<kik/kimb/umb. *sakana*!) 'interj. canalha, patife; indivíduo desprezível, sem-vergonha'

**titica** (<kik/kimb. *tiitika/maatika*) 'excremento de aves, merda'

**vatapá** (<kik. *kintampa*/pl. *matampa* > *vwatampa*) 'prato típico da cozinha baiana'

| | |
|---|---|
| **xodó** | (<kik. *luzolo, nzolo*/kimb. *kizola, kizodi* > \**nzodo*; fon/ewe *yoló*) 'namorado, amante, paixão, chamego' |
| **xoxota** | (<kik. *kisota*) 'vulva' |
| **zangar** | (<kik/kimb. *nzanga*/*nzandu*) 'irritação, briga' |

De acordo com vários autores, há outras influências de línguas africanas no português brasileiro. Já se alegou que a ausência de concordância nominal e verbal estaria nesse caso, o que é difícil de comprovar, uma vez que poderia ser influência indígena também. Assim, "os minino" e "as muié" se deveriam ao fato de em algumas línguas bantos o plural ser marcado no início da palavra. Eu mesmo registrei de uma falante de Paracatu (MG), a forma "sminina", para "(as) meninas" (vocativo). Na verdade, a flexão de gênero e número é um "luxo", dispensável do ponto de vista da comunicação. Por isso, sempre pode desaparecer em situações de crise na língua, e o contato é uma delas.

Alguns acham que a iodização de /ʎ/ em "muié" também seria influência africana. De novo, poderia ser influência tupi, que também não tem esse fonema. Mas pode ser uma evolução interna natural. Tanto que ocorre nos crioulos portugueses da África também. A rotacização de "pranta" (planta) e "carça" (calça) também tem sido atribuída a essa influência. Ocorre que ela já se dava no português seiscentista, inclusive em *Os Lusíadas*. Holm (1994) fala sobre influências em expressões idiomáticas, do tipo "cabelo ruim", "cabeça dura", "cabeça fraca" e "olho grande". Para o autor, elas têm equivalentes em diversas línguas crioulas e africanas, mas não ocorrem no português europeu. É bem provável que ele tenha razão.

Como vimos, a contribuição das línguas africanas e do tupi reflete a ecologia do contato do português com elas. Os ameríndios já tinham nomes para a fauna, a flora e parte da topografia da região. Portanto, não é de admirar que as palavras dessa origem sejam em grande parte dessas áreas semânticas. Além do mais, os índios não eram bons caseiros, o contato com eles se dava mais fora dos domínios da casa. Com os africanos as coisas eram diferentes: muitos deles passaram a ser serviçais na casa dos colonizadores, alguns se tornando íntimos dos senhores. Daí a grande quantidade de termos africanos referentes à vida na casa e nos arredores.

Vejamos algumas das inovações do português brasileiro, relativamente ao europeu, juntando interferências de línguas africanas, indígenas, adaptação ao novo meio e deriva própria da língua. No que tange à fonética-fonologia, parece que a pronúncia brasileira é bem mais conservadora, "engolindo" menos vogais, do que a lusitana, além dos ditongos nasais *-ão* e *-ém* e das sequências gráficas *-sc-* (piscina, nascer). Na morfologia e no léxico, no entanto, houve grandes mudanças. Na verdade, a ecologia linguística brasileira é extremamente complexa. Existem tanto variedades muito próximas do português europeu literário, em que se dizem coisas como as de (1), como variedades, em que se diz (2).

(1) Trouxeste-me o livro? Não, trar-to-ei amanhã.
(2) Você trôssi o livro pra mim? Não, vô trazê ele amanhã.

A variedade mais popular da língua, exemplificada em (2), encontra sua forma mais radical (basiletal) nos dialetos rurais. Nesses dialetos, uma frase como a de (3) do português estatal, literário ou padrão, tem por equivalente o que se vê em (4).

(3) Todas as meninas pequenas chegaram atrasadas.
(4) As minina piquena chegô tudo atrasado.

A frase (4) já dá uma ideia do que ocorreu com as flexões nominais e verbais. No caso específico do verbo, reduziram-se as flexões de pessoa. Assim, mesmo no português coloquial, em vez de *canto, cantas, canta, cantamos, cantais, cantam*, temos *eu canto, (vo)cê canta, ele canta, nós cantamos, (vo) cês cantam; eles cantam*. Seis formas reduziram-se a quatro, sendo que no português rural manteve-se apenas a distinção primeira pessoa *vs.* o resto. Em alguns tempos, a redução foi maior ainda. No imperfeito do indicativo, o português lusitano apresenta as flexões *eu cantava, você cantava, ele cantava, nós cantávamos, vocês cantavam, eles cantavam*. Elas se reduziram a três no Brasil no português coloquial *eu/você/ele cantava, nós cantávamos, vocês cantavam, eles cantavam* e a apenas uma no rural, ou seja, *cantava*. Além disso, o subjuntivo não é tão firme quanto no português europeu. Pode-se ouvir perfeitamente "*Você quer que eu venho?*" em vez de "*Você quer que eu venha?*" No Brasil, mesmo em pessoas cultas, é muito comum não haver concordância entre verbo e sujeito (*eles veio*), bem como entre adjunto e núcleo no sintagma nominal (*os menino*). No português literário do Brasil, o fato é variável, mas nas variedades rurais não há exceções, tirando as situações forçadas.

**78** Linguística, ecologia e ecolinguística

O sistema pronominal se reorganizou por completo. O *vós* caiu definitivamente. Em alguns dialetos o sistema é o que se vê no Quadro 1.

| (a) sujeito | (b) objeto direto | (c) objeto indireto |
|:---:|:---:|:---:|
| eu | me | mim, migo |
| (vo)cê | te | (vo)cê |
| ele, ela | ........... | ele, ela |
| nós | (nos) | nós |
| (vo)cês | ........... | (vo)cês |
| eles, elas | ........... | eles, elas |

As lacunas do pronome átono são preenchidas com o pronome sujeito respectivo. Quanto à segunda pessoa do plural (nos), frequentemente é substituída por "nós". As formas de complemento indireto são praticamente as do sujeito, exceto a primeira pessoa. O quadro difere muito pouco do do português rural.

A reorganização que o ecossistema interno do português sofreu na nova ecologia foi considerável. A tal ponto que alguns estudiosos levantaram a hipótese de que teria havido crioulização no Brasil. Outros chegaram a afirmar que o português brasileiro, sobretudo o popular, seria um semicrioulo, ou até mesmo outra língua. Na verdade, trata-se pura e simplesmente de uma nova modalidade de português, um dialeto, que evoluiu mais que o europeu devido ao contato com outras línguas no novo meio ambiente em que se inseriu. Essa é a ideia defendida por Mufwene (2001) para outras variedades ultramarinas de línguas europeias, inclusive o francês de Québec.

Seria interessante ressaltar as situações em que mais comumente as mudanças linguísticas se dão, ou seja, as causas da mudança. Uma causa é a apropriação de uma língua por outro povo que o original. Todas as mudanças que o latim sofreu até chegar ao português, bem como do português lusitano até chegar ao crioulo, se devem a esse processo. As que se deram no português brasileiro talvez não estejam no mesmo caso, uma vez que grande parte do contingente de falantes dessa variedade da língua é de origem portuguesa. De qualquer forma, a questão precisa ser investigada mais aprofundadamente. Para Mufwene (2001), não haveria diferença em relação ao caso anterior, ambas se deveriam, ao fim e ao cabo, ao contato.

Os dois tipos de evolução recém-mencionados poderiam ser encarados de outra perspectiva, ou seja, a trasladação da língua do T original para outro

T. Neste contexto, é necessário distinguirem-se dois casos: (a) mantendo-se o P original e (b) L é apropriada por outro P habitante do novo território. O caso (a) é o que se deu nos Estados Unidos, por exemplo, em que a população do norte é constituída basicamente de indivíduos vindos das ilhas britânicas, mantendo-se a língua apenas aclimatada ao novo meio ambiente. O caso (b) é o do inglês na Índia e em Cingapura, que foi apropriado por uma pequena parcela da população local.

Em todos esses casos, ocorre um distúrbio no EFL, uma alteração nas relações vigentes em seu interior. Como a realidade é dinâmica, não estática como querem os normativistas, trata-se de distúrbio apenas da perspectiva deles. Do ponto de vista dos próprios falantes da língua, trata-se apenas de um processo normal, decorrente de necessidades expressivo-comunicativas. De qualquer forma, um P homogêneo, em T relativamente pequeno, pode desfavorecer muitas mudanças, embora não em caráter absoluto, pois outros fatores podem intervir.

Até aqui, eu falei apenas da evolução do latim até a língua portuguesa e dela até o português do Brasil. No entanto, a evolução linguística e seus resultados podem ser encarados de diversas outras formas. No caso do Brasil e provavelmente de outros países de colonização mais recente, há um dinamismo muito grande na práxis linguística diária. Vejamos duas inovações, uma relativamente antiga e outra relativamente recente.

A mais antiga se encontra no reino da antroponímia. Certamente devido ao processo de aclimatação da língua ao novo território (Brasil), não obedecemos à risca a tradição antroponímica portuguesa. Há uma grande criatividade na hora de se darem nomes às crianças. Na verdade, qualquer sequência de fonemas é possível, embora haja algumas tendências. Eis alguns exemplos colhidos ao acaso: *Flamena, Flamozer, Francifla* e *Zicomengo* (de um torcedor do Flamengo), *Laiane* (< Daiane < Diane), *Zé Rau* (< Eisenhower), *Billy the Kid dos Santos, Daiane, Hitler, Mussolini, Último de Carvalho* e *Onaireves* (*Severiano* lido para trás). Até *Bucetilde* foi registrado. Na área dos apelidos a coisa vai mais longe ainda.

A inovação mais recente é o chamado gerundismo. Os filólogos e normativistas em geral ficam arrancando os cabelos quando ouvem uma secretária ou um político dizer *"Amanhã vou estar te buscando no aeroporto"*. É bem provável que se trate de um modismo que, segundo algumas opiniões,

**80** Linguística, ecologia e ecolinguística

entrou no português via operadoras de telemarketing, portanto, mais uma influência do inglês no português. E entrou como um *tsunami*. Quer o seja, quer não, o fato é que o gerúndio já existia no português, uma vez que sempre se disseram coisas do tipo *estou trabalhando, ela estava cantando, estarei viajando todo o próximo mês*. É bem verdade que em Portugal se prefere dizer *estou a trabalhar, eu estava a cantar, estarei a viajar todo o próximo mês*. No entanto, é a construção portuguesa que é inovadora. A construção que foi transmitida do latim é a gerundial. O que houve de inovação nesse novo modismo foi estender-se o uso do gerúndio para casos em que geralmente se diz simplesmente *"Amanhã te buscarei (vou te buscar) no aeroporto"*.

Outras inovações que vão no mesmo sentido das duas recém-discutidas são as gírias e os jargões especializados, que surgem para atender novas necessidades expressivo-comunicativas de faixas etárias e/ou situações diferentes, contextualizadas. Por exemplo, as gírias normalmente surgem no contexto de grupos relativamente delimitados dentro da comunidade. O motivo geralmente é demarcar a identidade do grupo. Os jargões, por seu turno, surgem devido também a necessidades expressivo-comunicativas de grupos ligados a profissões, ao trabalho e/ou à produção. Os termos dicionarizados não dão conta dessas necessidades, de modo que a indústria de calçados, por exemplo, tem um número imenso de nomes para diversas variações de sandálias, sapatos, chinelos e botas. O leigo frequentemente conhece apenas esses quatro nomes, ou um pouco mais. Tudo isso comprova mais uma vez a necessidade de uma idealização como a do EFL, segundo o qual linguagem (L) só existe se há um grupo de pessoas (P) convivendo em determinado espaço ou território (T) que a forme e a use. Essas pessoas só a formam e transformam porque precisam interagir entre si e em/sobre o meio ambiente. O tamanho do EFL varia muito. Seus limites são determinados pelo observador, como nos ensina o conceito ecológico de ecossistema. O que determina se certo traço existe ou deixou de existir, bem como se se adota novo traço, é a dinâmica das inter-relações dos membros de P entre si e com os demais componentes do EFL, e respectivo meio ambiente da língua.

Certa feita, um colega linguista indagou sobre a possibilidade de o calon (dialeto romani de origem ibérica) ser considerado uma variedade de português, uma vez que ele mantém apenas parte do léxico original, que é usado no arcabouço da gramática do português. Ele não é dialeto do português simplesmente porque é continuidade de um processo histórico. Mesmo que esse processo esteja em seus estágios finais, é continuidade desse processo. Do mesmo modo, uma língua indígena em seus últimos suspiros não pode ser considerada um dialeto do português, mas o final de um longo processo evolutivo. O calon ainda usado por pequenas comunidades de ciganos em diversas partes do Brasil é uma língua obsolescente, mas continua trazendo traços (genes) de um língua outrora falada no norte da Índia.

Sob alguns pontos de vista, a visão da Torre de Babel não é correta. Para ela, a diversidade linguística é um castigo, o que implica que evoluções como as comentadas acima, bem como toda mudança linguística, também o seriam, vale dizer, seriam "erro". Como vimos, trata-se de um processo de adaptação dos membros de P a novas condições ambientais. Assim como criam a língua, podem transformá-la, a fim de adequá-la a novas necessidades. Os normativistas sempre consideraram a língua como uma mera forma estática e imutável. Para eles, qualquer transformação que a população introduza nela é uma deformação, que criaria uma realidade disforme. Felizmente, toda língua real falada por populações reais está sempre sendo reformada por essas populações. Os verdadeiros formadores da língua e seus senhores são os membros de P. Assim como a formam, também a transformam, com a finalidade de conformá-la a novas exigências comunicativas de ecologias linguísticas diferentes. Isso acontece porque os membros de qualquer P precisam informar uns aos outros sobre o que se passa no meio ambiente em que estão inseridos. As inter-relações entre os diversos componentes desse meio ambiente estão sempre se alterando, no bojo do processo maior de evolução do mundo. Felizmente, os membros de P pura e simplesmente ignoram as diretrizes desses normativistas.

# Leituras recomendadas

Duas leituras obrigatórias sobre a evolução linguística são Thomason e Kaufman (1988) e Mufwene (2001). A primeira obra enfatiza os fatores sociais externos na mudança, mostrando que todo e qualquer aspecto da língua pode sofrer interferência de outra língua, sobretudo em situações de contato. A segunda toma a genética das populações para estudar o mesmo fenômeno,

**82** Linguística, ecologia e ecolinguística

dando ênfase às novas variedades linguísticas resultantes do processo de expansão dos colonizadores europeus. Salienta que as chamadas línguas crioulas e/ou mistas se submetem ao mesmo processo evolutivo que o inglês americano, o português brasileiro etc.

Bueno (1967) é recomendado para a evolução do latim até chegar ao português brasileiro, além dos estudos de outros filólogos como Ismael de Lima Coutinho, Serafim Silva Neto e José Leite de Vasconcelos.

Para as palavras de origem tupi, pode-se ver Sampaio (1970) e Antônio Geraldo da Cunha (*Dicionário histórico das palavras portuguesas de origem tupi*. São Paulo, Editora Melhoramentos/EDUnB, 1999, 4. ed.).

Sobre as palavras de origem africana, existe uma bibliografia relativamente extensa. Entre outros, pode-se consultar Castro (2001) e Schneider (1991).

# Obsolescência e morte de língua

O comparatista August Schleicher, criador da chamada teoria da árvore genealógica (*Stammbaumtheorie*) no final do século XIX, já havia dito que as línguas são como as plantas: elas nascem, crescem e morrem. Essa comparação passou a ser malvista, sobretudo devido ao fato de encarar a língua como um organismo vivo. Na verdade, como já vimos em capítulos anteriores, ela pode ser equiparada à espécie, não ao organismo. O que é mais, ela é uma espécie parasita da população, no sentido biológico do termo, não no sentido do senso comum. Como sabemos, as populações também nascem, crescem e morrem (desaparecem ou são absorvidas por outras populações). Portanto, a metáfora da obsolescência e morte de língua pode ser usada, contanto que tenhamos em mente que estamos nos referindo a nascimento, crescimento e morte de língua como atributo da dinâmica das populações, não de línguas como organismos isolados. Deixando de lado toda e qualquer conotação pejorativa que a ideia pode conter, o conceito de morte ou desaparecimento de língua é válido, mesmo porque é um fato objetivo, que tem se dado várias vezes na história da humanidade. Tanto que é corrente na literatura linguística a expressão "língua morta". Ora, só pode morrer o que está vivo.

A obsolescência (e a morte de) língua é mais uma consequência do contato de línguas, resultado de deslocamentos de povos e respectivos idiomas. Elas têm a ver com o contato, em dois sentidos. Primeiro, a atrição da L1 com uma L2 mais poderosa ou dominante. Segundo, e em consequência disso, o fato de os falantes de L1 deixarem de usá-la, por pressão da L2 dominante. Afora isso, uma língua pode desaparecer devido ao desaparecimento da população que a fala.

Um dos primeiros casos de morte de língua mencionado na literatura é o do dalmático ou dálmata. Trata-se de uma língua românica, falada ao longo das costas da Dalmácia, que estava situada na região que compreende a atual

**84** Linguística, ecologia e ecolinguística

Croácia, Bósnia-Hezegóvina, Montenegro e, possivelmente, norte da Albânia, com dois dialetos principais: o da ilha de Krk (Vegliota) e o de Dubrovnik (dialeto ragusano). No final do século XIX, Matteo Bartoli estava estudando essa língua com a última pessoa que tinha algum conhecimento dela, Tuone Udaine, ou Antonio Udina em italiano, conhecido como Burbur, ou seja, "barbeiro" em dálmata. Acontece que, em 10 de junho de 1898, ele morreu vítima de uma mina, supostamente deixada por um anarquista. Nos termos do que foi exposto no capítulo "Ecologia da Interação Comunicativa", nesse momento, o dálmata já não tinha um EFL, por não ter uma população (P) que lhe servisse de hospedeiro, portanto, já não tinha meio ambiente natural (o espaço já era dos falantes do croata e de outras línguas) nem meio ambiente social (a comunidade de falantes já desaparecera). Com a morte de Burbur, desapareceu o último indivíduo que continha o último idioleto dálmata, ou seja, desapareceu também o último MA mental. Isso implica ao fim e ao cabo a morte da língua. O que é realmente lamentável. No entanto, o fato tem se repetido centenas, milhares de vezes ao longo da história, como veremos mais abaixo.

Vejamos o que se entende por **morte de língua**, ou **glototanásia**, tarefa nada fácil, como muita coisa no domínio da língua e da cultura. De um modo geral, pode-se dizer que uma língua morre quando deixa de ser usada, quando não tem mais falantes. Essa definição tem diversos pontos falhos. O não menor de todos é o que se entende por "não ter mais falantes". Por exemplo, o latim é tido como língua morta. No entanto, continuou sendo usado como língua diplomática, do cristianismo e até da intelectualidade durante toda a Idade Média. Mas, como se vê, trata-se de usos subsidiários, não de uso prototípico, ou seja, aquele que é feito por membros da comunidade em atos de interação comunicativa quotidianos. Algo parecido pode ser dito do árabe clássico e do sânscrito. Nenhuma dessas duas línguas é falada nos dias atuais. O uso do árabe clássico se restringe aos textos sagrados do Alcorão, aí incluída a recitação de suratas. O mesmo vale para o sânscrito, só usado nos textos sagrados do hinduísmo.

Deixar de ter falantes pode ter pelo menos duas causas. A primeira se dá quando a população deixa sua L1 e passa a falar uma L2, em geral de um grupo dominante. Esse processo, por seu turno, pode se dar por vários motivos. Um deles é a conquista, como o que fizeram os colonizadores europeus em todas as regiões do mundo a que aportaram. Os povos autóctones foram pouco a pouco deixando suas línguas em prol da dos invasores. Outro se dá quando parte de um povo se desloca para o território de outro povo cuja língua e cultura já domina todo o território, como no caso de migração visto no capítulo anterior. Uma terceira causa para determinada língua deixar de ser falada (morrer) ocorre quando o povo que a fala desaparece bruscamente, por catástrofe natural, por doenças ou por qualquer outro motivo. Como a população é o hospedeiro da língua, de que esta é uma espécie parasita, desaparecendo aquela desaparece esta. Por isso, Mufwene (2005) defende a tese de que L ainda está viva quando ainda existe pelo menos um falante. A concepção de língua subjacente a toda minha argumentação, no entanto, exige que haja pelo menos dois falantes para que uma língua seja considerada viva, uma vez que L é meio de comunicação, e só pode haver comunicação entre duas pessoas.

Os especialistas têm feito algumas distinções mais detalhadas no processo que pode levar à morte de língua. Por exemplo, Jane Hill afirma que línguas que são usadas em poucas funções, por poucos falantes, estão em processo de **obsolescência**. Se nenhuma criança fala a língua, ela já é **moribunda**. As pessoas que adquirem línguas nessas circunstâncias têm sido chamadas de **semifalantes** (semi-speakers), termo proposto por Nancy Dorian (Hill, 2001: 176-177). Poderíamos acrescentar o conceito de língua **agonizante**, ou seja, a situação em que não só não há mais crianças que a falam, mas os últimos falantes (ou semifalantes) estão idosos, não tendo a quem passar o conhecimento dela. É o caso do xetá, língua da família tupi-guarani, do oeste do Paraná. Só há dois homens que ainda a falam, além de uma mulher que apenas a entende. Como diz Hill, "Falantes de línguas agonizantes não devem ser considerados necessariamente deficientes linguisticamente, uma vez que qualquer deficiência que possam ter na língua moribunda pode ser compensada por habilidades na língua substituinte."

No que tange aos reflexos da glototanásia na estrutura da língua, alguns autores afirmam que primeiro a língua perde léxico, depois vem uma grande quantidade de empréstimos, seguidos de traços gramaticais da L2. Geralmente, isso é seguido de uma simplificação estrutural, sendo que os traços que se perdem não são substituídos. Por fim, quando a transmissão dessa L1 às crianças é interrompida, temos o termo do processo, a glototanásia. O processo gradual de perda de domínios de uso, de falantes e de material linguístico é chamado de **atrição** (*attrition*).

É bom acrescentar que, na evolução linguística em que não há obsolescência, a redução em determinado subsistema da língua é compensada pela

**86** Linguística, ecologia e ecolinguística

ampliação estrutural em outro subsistema. No processo de obsolescência linguística, pelo contrário, não há essa compensação. Os falantes desenvolvem suas competências linguísticas na L2, a língua para a qual estão mudando.

Passemos agora a ver um pouco de exemplos desses processos, distinguindo (a) atrição em domínios funcionais, (b) erosão no discurso, (c) erosão na sintaxe, (d) erosão na morfologia e (e) erosão no léxico. Poderíamos acrescentar também a (f) erosão fonética.

Domínios funcionais (situações que se definem por dimensões como participante, tópico, objetivo etc.) são situações em que a língua é usada, portanto, atrição nesse domínio implica menos pessoas com as quais se pode falar a língua, menos assuntos de que se pode tratar nela e assim por diante. Um exemplo do primeiro caso pode ser visto no *continuum* de práticas bilíngues que se dão na região Malinche Volcano de Puebla e Tlaxcala, México. O nahuatl dessas localidades, chamado de "mexicano", está perdendo espaço para o espanhol. Nas comunidades mais conservadoras, o "mexicano" é usado apenas quando se fala com outros membros da própria comunidade. Com os de fora, só se fala em espanhol. Em outras localidades, o "mexicano" só é usado no círculo familiar. Alhures, a língua só é usada quando alguém se dirige aos mais velhos. Com isso, está havendo cada vez menos pessoas com as quais se pode falar nahuatl. Em breve veremos outros exemplos, como o dos pataxós, da Bahia, em que os poucos que ainda têm alguma coisa da língua já não encontram ninguém com quem falá-la.

No que tange aos assuntos de que se pode falar (erosão no discurso), eu aduziria o caso do crioulo português da Guiné-Bissau. O próprio fundador do estado, Amílcar Cabral, já salientara, no final da década de 1960 e começo da de 1970, que a língua não tinha recursos para se falar da ciência, da tecnologia e da vida cosmopolita modernas. Ele salientara que nele não havia como dizer "aceleração da gravidade" nem "raiz quadrada". O líder africano acrescentou que até se poderiam criar cincunlóquios que expressassem aproximadamente a mesma coisa. Mas, diz ele, no português se pode dizer a mesma coisa de modo sintético e direto. É bem verdade que muitos linguistas podem discordar de Cabral. No entanto, o que ele afirmou seria válido se não levássemos em consideração que o falante de crioulo considera toda e qualquer palavra do português como palavra potencial de sua própria língua. Para ele é natural usar uma palavra portuguesa quando o crioulo não tem o equivalente. Outro exemplo interessante é o guarani paraguaio. Seus falantes afirmam que "el guaraní es la lengua del corazón; el español, la lengua de la razón". Isso significa que assuntos íntimos, caseiros, são tratados em guarani. Os assuntos mais abstratos, da ciência, da tecnologia, os formais e assemelhados são tratados em espanhol. Como os falantes de espanhol não fazem o mesmo, e são os falantes de guarani que têm que se adaptar a eles, a consequência é que os discursos em guarani estão diminuindo em quantidade e qualidade.

Erosão no discurso tem a ver com os registros, ou seja, o estilo especial que se usa quando se fala de determinados assuntos. Línguas obsolescentes tendem a não ter registros que distingam formalidade *versus* informalidade (intimidade, vulgaridade) nem gêneros como o estilo da letra de uma canção por oposição ao de uma carta comercial. Na reserva indígena O'odham de Tohono, existiam os gêneros rituais canção, oratória e narrativa. O gênero canção continua vivo. O estilo oratório, porém, praticamente já desapareceu, uma vez que o contexto cultural para seu uso não existe mais. Aqui seria interessante lembrar os saraus de desafios com adivinhas crioulo-guineenses mencionados no capítulo "Ecologia da Interação Comunicativa".

No que tange à erosão na sintaxe, um dos fenômenos mais comuns é o desuso de sentenças complexas, tais como orações subordinadas, orações relativas e outros, como preferência pela parataxe frente à hipotaxe. O já mencionado "mexicano" tem três estratégias para formar oração relativa: (a) pelo padrão tradicional, sem pronome relativo, (b) usando o "que" espanhol e (c) decalcando-o em *tlen* (que). De modo que o não uso de oração relativa não se dá por falta de recurso, nem porque ela seja difícil. O seu desuso se deve à influência do espanhol, que está invadindo a área de domínio do "mexicano", portanto, causando uma erosão sintática.

O desgaste na morfologia segue caminho parecido. Em geral, os processos morfológicos irregulares tendem a dar lugar aos regulares, mesmo quando alguns dos irregulares podem sobreviver como formas congeladas. O "mexicano" está perdendo a incorporação do nome, processo pelo qual um substantivo que funciona como objeto do verbo é prefixado a ele. Nesse caso, o nome incorporado passa a ter um valor genérico, morfológico, não referencial, como se pode ver no exemplo inglês *baby-sit*, que pode ser praticado com cachorros, crianças de dez ou mais anos, e não apenas com bebês. Outro exemplo pode ser visto no calon dos ciganos do noroeste goiano.

**88** Linguística, ecologia e ecolinguística

Vejamos a decadência no léxico. Tradicionalmente, os linguistas têm considerado a perda lexical como o principal signo de decadência de uma língua. Embora isso não seja inteiramente verdadeiro, não deixa de fazer um certo sentido. Com efeito, perder grande parte do léxico mesmo mantendo a gramática vai na direção de falta de autoestima dos falantes e, consequentemente, na de atrição da língua. Como exemplos, poderíamos citar uma parte das línguas duomistas. A *media lengua* do Equador, por exemplo, substituiu grande parte do léxico quéchua original por equivalentes do espanhol, mantendo a gramática quéchua, em um processo que foi chamado de **relexificação**. Línguas que sofrem pressão da língua dominante, mas cujos falantes resistem à assimilação, ao contrário, geralmente mantêm pelo menos parte do léxico original, mesmo sem conseguir manter a gramática. Esta é substituída pela da língua dominante. Entre os casos mais conhecidos temos o anglo-romani, o calon do Brasil e o mbugu da África. Essas línguas são **reestruturadas** ou **regramaticalizadas**. É o que chamei de **anticrioulo**, pelo fato de nos crioulos ocorrer justamente o contrário, ou seja, algo parecido com a relexificação. Essa última categoria de língua sobrevive até se tornar apenas uma pequena quantidade de palavras que são usadas na gramática da língua dominante.

A obsolescência do léxico frequentemente começa por domínios mais especializados, como o vocabulário da fauna e da flora, fato que se deve a um desconhecimento do meio ambiente da língua ancestral. Às vezes, os falantes conhecem mais nomes de plantas e de animais que viram na televisão do que os do meio ambiente em que seus pais nasceram e cresceram. Isso implica também uma mudança cultural rápida, na direção da cultura dominante. Jane Hill acha que a perda linguística implica não apenas o desligamento da cultura tradicional. O fato tem consequências até mesmo na identidade dos indivíduos e, a seguir, na autoestima.

Casos de morte de língua não têm sido raros na história. Só para ficar nos mais conhecidos, a maioria deles antigos, temos o latim, o grego antigo, o árabe clássico, o sânscrito, o germânico, o eslavônico, o etrusco, o sumério, o hitita e o tocário, entre muitos outros, como o ubykh do noroeste caucasiano, que, em 1992, já tinha apenas um falante. Entre todas as línguas conhecidas essa é a que tem o maior número de consoantes, ou seja, oitenta. A maioria das línguas do mundo tem, no máximo, umas vinte. Portanto, seu desaparecimento teve como consequência, além de um empobrecimento humanitário e cultural, um empobrecimento do objeto de estudo da Linguística.

No Brasil, temos inúmeros exemplos de línguas indígenas obsolescentes, moribundas ou mortas. Entre as mortas, poderíamos citar o caso do kiriri, do norte da Bahia. Entre as moribundas agonizantes, temos o já mencionado xetá. Infelizmente, a situação dos povos e das línguas indígenas brasileiros permanece parcamente descrita. Por exemplo, as línguas amazônicas são uma grande incógnita. E, pelo que se vê na literatura linguística, o mesmo parece acontecer fora do Brasil, ou seja, na América do Sul, na Central e na do Norte, bem como no oceano Pacífico e no Índico, como é o caso da Papua-Nova Guiné.

No que concerne a grupos indígenas do Nordeste do Brasil temos, excepcionalmente, um apanhado geral organizado por Robert E. Meader. Trata-se de um conspecto antropológico-linguístico de cerca de 15 comunidades ameríndias dessa região, feito pelo pessoal do Summer Institute of Linguistics (SIL) na década de 1960. Uma das conclusões gerais a que o autor chega na introdução do livro por ele organizado é a de que "nenhum destes grupos indígenas utiliza sua própria língua como meio de comunicação. Muito poucos índios puderam lembrar algumas palavras" (Meader, 1978: 8, 11). Ele conclui afirmando que "apesar de várias limitações e falhas, talvez sejam estas as últimas informações sobre alguns desses grupos". Atualmente (2006), já devem estar praticamente extintas.

Pelas afirmações de Meader, já se pode ver que provavelmente em todas as comunidades visitadas temos anticrioulos, ou seja, aquelas situações em que remanesce apenas um pouco do léxico da língua original, usado com a gramática do português. O ideal seria uma análise detalhada da língua de todas essas comunidades. Porém tomo apenas a dos pataxós como exemplo do que ocorre com quase todas, se não com todas elas. A escolha não tem nada a ver com o assassinato de um índio dessa etnia em Brasília por jovens da classe média local, que se deu uns anos atrás. Pelo contrário, tomei-a como exemplo devido ao fato de estar na região de Porto Seguro, onde a esquadra de Cabral aportou em 1500. Aproveito a oportunidade para esclarecer que o povo com que Cabral entrou em contato (ver a carta de Caminha) era da família tupi-guarani, e já foi exterminado, ou seja, era o tupinambá. Os pataxós habitavam o interior, tendo se deslocado para a região posteriormente. Ao que parece, a língua pataxó é da mesma família que o maxakali.

A comunidade pataxó visitada pelo pessoal do SIL é a do então Posto Caramuru do SPI, a três quilômetros de Itaju, Bahia. Ficamos sabendo que à época da visita,

**90** Linguística, ecologia e ecolinguística

os pataxós são inteiramente sustentados pelo Posto, que lhes concede uma pensão semanal. Não necessitam trabalhar. Um dos índios frequentemente vai pescar no rio Pardo, no outro lado da serra. Há apenas dois adultos genuinamente indígenas: Raco, com quase cem anos, e Tçitçi'a, com cerca de 50 anos. Raco, embora fisicamente bem conservado, parece ter perdido um pouco a sua capacidade mental. Contando uma estória, o português que empregou era ininteligível. Não foi capaz de dizer uma única palavra na sua própria língua. [Quanto a] "Tçitçi'a, o mais ativo dos índios de seu grupo, lembrou muitas palavras isoladas, mas não foi capaz de combiná-las em frases (Meader, 1978: 17).

O livro nos fornece uma lista de 163 palavras ditas por Tçitçi'a. Eu reproduzo apenas algumas delas devido ao fato de em grande parte a transcrição requerer o uso de símbolos fonéticos especiais. Portanto, apresento apenas uma pequena seleção de palavras que não requer esse tipo de símbolo.

### Algumas palavras pataxós recolhidas em 1961
xim 'carne'
mohab 'carne'
míkahab 'chão'
búkuhu 'cinza'
bóhoi 'flecha'
káNniako 'homem'
bohob 'macaco grande'
kuhúi 'cipó'
bokohál<sup>y</sup>u 'chapéu'
tápa 'paca'
koitka 'pé de jaca, jaqueira'

Como sói acontecer com anticrioulos como esse, há uma grande variação. Assim, apesar do pouco vocabulário sobrevivente, há muitas sinonímias, pelo menos na transcrição que o autor apresenta. A própria amostra contém duas palavras para "carne". No restante da lista, encontramos ainda duas palavras para "cabelo", quatro para "macaco" (uma delas designa "macaco grande") e nada menos que cinco para "bicho". A exemplo do que vemos nas palavras do anticrioulo do ex-quilombo de Cafundó, de base africana, deve haver também muita polissemia, polifuncionalidade e cincunlóquios, típicos dos chamados pidgins incipientes. Nesse caso, línguas obsolescentes são uma espécie de imagem especular de línguas nascentes, como Roman Jakobson já havia sugerido há muitos anos para um caso similar.

O povo pataxó, bem como todos os outros que estão em condições semelhantes, é o habitante aborígene da região, ou seja, ele é endógeno, embora originariamente um pouco mais para o interior. Exógenos são os descendentes dos portugueses que para a região se deslocaram. A situação atual da língua dos pataxós se deve a (1) o contato com os invasores de origem europeia; (2) serem hoje um enclave no território do povo dominante; (3) sua língua estar em seus últimos estertores (glototanásia); (4) sua resistência contra a assimilação total, manifestada nas sobrevivências lexicais; (5) uma lentidão no processo de perda da língua original; (6) o fato de o léxico remanescente ser usado inteiramente com a gramática da língua portuguesa envolvente.

Como mais um argumento de que a situação apresentada para a língua dos pataxós é bastante generalizada na região, gostaria de terminar transcrevendo uma afirmação de Aryon Dall'Igna Rodrigues. Em um texto de 1975, em que apresenta um apanhado geral das línguas do Nordeste, ele afirma que

> embora ainda sobrevivam de um modo ou de outro não poucas comunidades indígenas na Bahia, em Pernambuco, na Paraíba, com exceção dos fulniô de Águas Belas todas já falam português; a natureza de seu português, em cada caso, ainda não foi, entretanto, estudada. Em algumas dessas comunidades ainda se conserva conhecimento de palavras ou frases das respectivas línguas indígenas, mas não sabemos em que extensão nem em que circunstâncias (Rodrigues, 1975).

De qualquer forma, até mesmo o pouco que Meader encontrou da língua original dos pataxós na década de 1960 provavelmente não exista mais.

Um caso interessante, ainda no contexto das línguas indígenas, é o dos xukuru. Trata-se de um grupo de aproximadamente oitocentas pessoas, de Pesqueira (PE). Devido a proibições de praticarem "suas manifestações religiosas e de falarem sua língua materna" (Lacerda, 2001), atualmente a língua está quase extinta. Porém, numa tentativa de revivê-la, algumas lideranças têm conseguido recuperar alguma coisa com os mais velhos. Eis alguns exemplos de vocábulos:

crecar 'cabeça'
xicrin 'nariz'
poia 'pé'
toê 'fogo'

## 92 Linguística, ecologia e ecolinguística

Nas palavras de Lacerda (2001: 3),

os xukuru conseguiram recuperar cerca de 150 itens lexicais; com esses componentes, experimentam falar uma língua, cujo uso depende das estruturas morfossintáticas do português, além de utilizarem muitos traços fonológicos do português como o uso de paroxítonos e o ensurdecimento de fonemas finais como /o/ e /e/.

Como se tem incentivado o uso dessas palavras na comunicação, fazem-no com o arcabouço gramatical do português. Em suma, esse uso é pura e simplesmente um anticrioulo, como a própria Lacerda reconhece. Eis um enunciado nessa língua reconstruída:

*Opypy pyay rynyen karé yrw*
criança não gostar branco ruim
"Criança não gosta do branco porque ele é ruim'

Exceto a ausência da preposição "de", do "que" da relativa e a ausência da cópula (é), a ordem é a do português.

Por falar em morte de língua indígena, temos o caso do tupi do planalto paulista. Assim que os portugueses chegaram, começaram a impor sua própria língua. Somando-se a isso o contato com línguas indígenas e africanas, o processo de atrição levou-o a se desgastar. Um passo desse processo de obsolescência foi transformar-se na língua franca conhecida como língua geral, sobre a qual se tem muito pouco conhecimento. Pouco depois, a língua geral foi absorvida pelo português, sobretudo devido à política etnocêntrica e linguicida de Pombal. Essa absorção se deu mediante a variedade de português conhecida como dialeto caipira, que deve ter convivido com a língua geral por um tempo relativamente longo. Essa língua geral foi levada pelos bandeirantes ao sul de Minas e de Goiás, ao norte do Paraná, ao Mato Grosso e ao Mato Grosso do Sul. Sobrevivências dela podem ser respigadas no dialeto caipira, além dos inúmeros nomes de espécimes da flora, da fauna e da toponímia. Devido à ação dos bandeirantes, há topônimos tupis (da língua geral) mesmo onde nunca houve povos falantes dessa língua.

Como foi notado anteriormente, línguas sempre nasceram, atingiram apogeu e declinaram até o desaparecimento, por motivos os mais diversos: 1) por mudança de língua, 2) desaparecimento do P que a fala (catástrofe, genocídio etc.); o primeiro caso, o mais comum, devido ao contato de PLS; no genocídio também. Hoje, porém, o processo está assumindo proporções assustadoras. Para entendê-lo, vejamos algumas estatísticas.

Supõe-se que o pico da diversidade linguística deve ter acontecido no Neolítico, aproximadamente 10 mil anos atrás, época em que se deve ter falado o dobro de línguas atuais, logo, umas 12 mil. A população mundial está estimada atualmente em cerca de 5,3 a 8 bilhões de pessoas. Para o passado pré-histórico, não tenho sequer estimativas. Para nossa época, há diversas estimativas, entre elas a de Krauss (1992). O total de línguas do mundo seria aproximadamente 6 mil. Segundo o autor, nas Américas são faladas 900 línguas, ou seja, 15% do total. Na Europa e Oriente Próximo, juntos, existiriam 275 (4,58%). Na África, o total de línguas se aproximaria de 1,9 mil (31,5%). No Pacífico, elas seriam 3 mil (50%). Há números conflitantes. Assim, outras fontes informam que 32% das línguas são faladas na Ásia; na África, 30%; nas Américas, 15%; na Europa, 3%. Outras fontes informam quais seriam os países com maior número de línguas. A Papua-Nova Guiné teria cerca de 850; a Indonésia, 670; a Nigéria, 410; a Índia, 380; a República dos Camarões, 270; a Austrália, 250; o México, 240; o Zaire, 210; o Brasil, 210.

Um fato interessante é que 95% da população mundial fala apenas 300 das 6 mil línguas. As demais 5,7 mil línguas são faladas por minorias. Isso significa que grande parte delas está ameaçada de extinção, sobretudo devido ao processo de globalização. Só no Brasil, Rodrigues (1993) calcula que devia haver cerca de 1.175 antes da chegada dos portugueses em 1500. No entanto, atualmente são faladas apenas 150 a 180. Isso significa que houve uma perda de cerca de mil línguas em 500 anos, ou seja, 85% do total. Uma perda de duas línguas por ano.

Aproximadamente 50% das línguas do mundo são moribundas, o que significa que em breve 3 mil desaparecerão. Para se ter uma ideia desse quadro, vejamos mais alguns dados fornecidos por Krauss. No Alaska, de 20 línguas, só 2 estão sendo adquiridas por crianças, ou seja, o esquimó yupik central e o esquimó yupik siberiano da ilha St. Lawrence. Na ex-União Soviética, especificamente nas minorias linguísticas do norte, apenas 3 línguas de 30 estão sendo adquiridas por crianças. Na América Central e do Sul, a situação é um pouco melhor. "Apenas" 50 línguas de 300 são moribundas na primeira e 110 línguas de 400, na segunda. No entanto, nas três Américas, 300 de 900 são moribundas, o que equivale a 1/3 delas. A Austrália apresenta a pior situação: 90% das 250 línguas são moribundas.

Ainda no Brasil, além das línguas indígenas, há muitas outras línguas que estão em perigo de extinção ou já se extinguiram. Podemos começar pela

**94** Linguística, ecologia e ecolinguística

língua dos ciganos, o romani e seus dialetos. Deixando de lado as variedades kalderash, de imigração recente a partir da Europa do Leste, temos o calon, falado em diversas localidades do país. Os ciganos são originários da região norte da Índia, de onde partiram em diversas levas em direção à Europa, passando pelo Kush hindu, ao sul das línguas túrquicas e ao norte do pashto, ao longo da margem sul e sudoeste do mar Cáspio, tendo tido contato com o persa e o curdo (aproximadamente 400 d.C.), atingindo o Império Bizantino por volta do ano 1000 e atravessando o estreito de Bósforo. No sul da Europa, o romani entrou em contato com o osseta, o grego, o georgiano, o armênio e outras línguas. Por fim os ciganos se instalaram na Europa do Leste, por onde iam passando iam pegando palavras das línguas locais, como estratégia adaptativa e de sobrevivência. Por exemplo, do grego adotaram *zaxáro* (açúcar), *efta* (sete), *talázia* (onda), *papu* (avô); das línguas eslavas, *volil* (amor), *peko* (assado), *vadra* (balde), *pimôs* (bebida), *lachô* (bom), *tcháiniko* (bule), *mas* (carne), *drom* (caminho) etc. Do espanhol, temos, entre outros, *durazno* (pêssego), *docato* (delegado) e *aviono* (avião).

Da Europa do Leste, começaram a se deslocar em direção à península ibérica, aonde chegaram por volta do ano 1425. Na Espanha, os ciganos passaram a ser chamados de caló, que quer dizer "negro". Em Portugal, o nome foi adaptado para calão (de onde vem "baixo calão"). O fato é que já havia ciganos no Brasil no início do século XVI. Pois bem, aqui eles passaram a ser conhecidos como calon. De sua língua, ou melhor, do dialeto calon ainda sobrevivem várias palavras, que são usadas com a gramática do português, caracterizando o que acima chamei de anticrioulo. Eis alguns exemplos de palavras do grupo de Mambaí, norte de Goiás, tirados de Melo (2005):

chibe = língua
batchi = pai
dai = mãe
prali = irmão
drom = estrada
rom = homem
gruviõ = boi
gruviin = vaca
papíri = livro, carta, papel

Como o vocabulário é pequeno, são comuns as polissemias, como já vimos a propósito do pataxó. Por exemplo, *rom* significa "homem" e "marido". Mas um dos recursos mais frequentes são os circunlóquios, muitos deles iniciados por *bidítchi* "coisa". Assim, temos *bidítchi di áqui* "óculos" (lit. "coisa de olho"), *bidítchi do duver* "igreja, nuvem, estrela, lua, céu" (lit. "coisa de Deus"). Há criações locais também, como *enribã* "sobre, em cima/riba", formado a partir do português.

Os poucos dados já recolhidos nos permitem algumas ilações. A primeira é a de que há fósseis da rica gramática original, como no exemplo para "boi" e "vaca". Já não se trata mais de flexão de gênero, uma vez que a distinção indica apenas sexo dos seres em questão. Nos circunlóquios, podemos ver que a gramática é a do português, no caso, apenas a preposição, combinada (*do*) ou não, com o artigo "de" (*di*). Sempre que falta o termo calon, recorre-se ao português. Com efeito, atualmente esse dialeto do romani tem no máximo umas quinhentas palavras originais.

Um fato interessante é que o avô do calon brasileiro, o caló, já desapareceu na Espanha, sobrevivendo apenas como uma ou outra palavra nas variedades populares do espanhol, sobretudo no flamenco. Em Portugal também parece que ainda existe alguma coisa do pai do calon, ou seja, o calão. Portanto, o calon brasileiro é uma das últimas manifestações de uma longa tradição linguística, que só se mantém até hoje porque soube se adaptar para não desaparecer.

O Brasil tem outras línguas além das indígenas e dos dialetos romanis. Entre elas temos as línguas dos imigrantes que para cá vieram a partir do século XIX. São alemães, italianos, japoneses e outros, sobretudo no sul do país. Mas como são IL, enclaves no território dos falantes de português, a tendência é desaparecerem a médio e longo prazo, como veremos no capítulo "Ilhas linguísticas". Outro caso são as inúmeras línguas africanas que vieram com os escravos. Todas elas já desapareceram. O que resta delas são termos usados em rituais sagrados (candomblé, umbanda) e, em escala decrescente, em comunidades de ex-quilombos. Devo registrar que tanto elas quanto as línguas indígenas, no caso o tupi, deixaram muitos termos no português.

Vale a pena repetir aqui que há pelo menos uma situação que vai no sentido contrário ao da obsolescência e morte de língua, ou seja, de língua que está ganhando terreno. Trata-se da língua de sinais dos surdos, conhecida como libras. Apesar de não ser língua nativa para a maioria de seus usuários, ela está sendo aprendida por um número cada vez maior de pessoas. Isso tem a ver com

# 96 Linguística, ecologia e ecolinguística

a valorização das minorias, que tem levado à multiplicação das associações de surdos, nas quais eles têm oportunidade de aprender essa língua, que passa a ser sua L1. Além disso, cursos em e sobre ela estão surgindo nas universidades.

Já vimos que o latim, o sânscrito e o árabe clássico continuam sendo usados em alguns âmbitos bastante específicos, a despeito de serem chamados de línguas mortas. Na verdade, eles são línguas **empalhadas**, **embalsamadas** ou **mumificadas**, de modo que, por muito tempo após seu desaparecimento como línguas efetivamente usadas em atos de interação comunicativa efetivos, no dia a dia dos membros de determinada comunidade, ainda são usadas em algumas funções. Essa mumificação se dá sobretudo em usos religiosos. Mas usos literários podem também mumificar a língua. Nesse caso está o grego antigo e o latim. Este último foi muito usado até a Renascença na escrita. No entanto, o mais comum para a maioria das línguas é deixarem apenas alguns **fósseis**, como algumas palavras, expressões etc. A maioria, porém, desaparece sem deixar vestígios.

O desaparecimento de espécies-línguas tem sido comparado ao desaparecimento de espécies biológicas. Quase todos os ensaios contidos em Maffi (2001) tratam desse assunto, de uma forma ou de outra. Para a linguista, e para todo mundo que se preocupa com a cultura humana sobre a face da Terra, a morte de uma língua é equiparada à morte de uma espécie animal ou vegetal. Esta significa empobrecimento da vida; aquela, empobrecimento da cultura e, consequentemente, da humanidade. Basta pensarmos no princípio da diversidade da Ecologia, visto no capítulo "Linguística, Ecologia e Ecolinguística". Quanto mais diversidade de espécies houver em um ecossistema, mais rico e pujante ele será. O mesmo vale para o plano cultural. Quanto mais línguas houver, mais rica é a cultura. O contrário também é válido: quanto menos espécies animais e vegetais, mais empobrecido está o ecossistema; quanto menos línguas, mais padronizada e mais pobre a cultura.

Alguns defensores do processo de globalização criticam os ambientalistas e, sobretudo os linguistas, por defenderam a manutenção de espécies minoritárias, ameaçadas de extinção. No caso específico da língua, alega-se que em geral são os próprios falantes que abrem mão de sua língua em prol de outra que lhes permite maior acesso a emprego, ascensão na vida. Só que eles se esquecem de um pequeno detalhe: essas minorias que abrem mão da própria cultura por motivos econômicos o fazem forçadamente. Se lhes tivesse sido dada a chance de escolher, provavelmente teriam optado por conservar a língua étnica. Vejamos o caso dos pataxós. É claro que eles deixaram sua língua e passaram a falar português porque não tiveram outra alternativa. Se não o fizessem, seriam dizimados mais rapidamente. É uma assimilação forçada, sem chances de resistência.

O curioso é que esses críticos da defesa de línguas ameaçadas de extinção geralmente falam línguas majoritárias, europeias, de alto prestígio internacional. Nesse caso, sobressai-se o inglês, que alguns já tacharam de linguicida, ou seja, assassino de línguas. Esses críticos não percebem que um mundo em que a única língua fosse uma variedade de inglês; as únicas árvores fossem o eucalipto, o pinus e o ficus; o único cereal fosse a soja e os únicos animais fossem as vacas holandesas, esse mundo seria extremamente pobre. Se um vírus atacasse uma sequer dessas espécies únicas, ela seria totalmente exterminada; e o que é pior, não haveria substituto, pois reduzimos a diversidade; não existiria mais substitutos, mesmo que em estado "selvagem".

Muitos defensores da diversidade linguística (linguodiversidade) têm se engajado em processos de **revitalização** de línguas moribundas, e até de línguas já mortas, como é o caso do xukuru, mencionado anteriormente. Entre as línguas que foram ressuscitadas, temos, em primeiro lugar, o caso do hebraico. Com a diáspora, ele praticamente desapareceu. No entanto, com a fundação do Estado de Israel, ele foi revivido pelos filólogos e ensinado às crianças. De modo que hoje ele é a língua corrente do país. Outros casos incluem o maori da Nova Zelândia e o ainu do Japão.

Embora menos conspícua do que a morte de língua, temos também a **morte de dialeto**. Também ela representa perda cultural e linguística, também ela é empobrecimento. Não se tem falado muito nisso. Em geral o assunto não tem merecido a atenção dos linguistas, sobretudo porque é o que desejam os representantes do Estado, mas ela é tão empobrecedora quanto a morte de língua. O nivelamento dialetal, a coineização que leva a ela tem sido recebida com júbilo pelos detentores do poder do Estado. No entanto, o monodialetalismo é tão indesejado como o monolinguismo. Ambos representam ausência de diversidade cultural, inclusive de diversidade linguística. Vale dizer, também o monodialetalismo representa pobreza cultural. Vejamos um exemplo: se não houvesse os dialetos rurais, no caso o mineiro, João Guimarães Rosa não poderia ter escrito *Grande sertão: veredas* como escreveu. Infelizmente, porém, o Brasil todo está perdendo muitos traços dialetais regionais em prol do padrão linguístico Rio-São Paulo, levado sobretudo pela televisão.

## Leituras recomendadas

O número 153 (1991) de *Diogène*, da coleção "Patrimoine culturel: langues en péril", apresenta um panorama das línguas ameaçadas. O volume 68, n. 1, 1992, de *Language*, organizado por Ken Hale, também. Todos os textos dessas duas publicações merecem ser lidos. As estatísticas sobre línguas do mundo foram tiradas da segunda (texto de M. Krauss). Outra fonte é *Ethnologue* (1988). Grande parte dos textos de Maffi (2001) trata da perda de línguas, em geral relacionando-a com a perda de biodiversidade. O volume 12 (1977) de *International Journal of Sociology of Language* é dedicado à morte de línguas.

Para um apanhado geral sobre a vida e morte das línguas, temos, Nicholas Ostler (*Empires of the word: a language history of the world*, N. York, Harper Collins, 2005).

Thomason (2001), Hill (2001), Dorian (1977), entre outros autores, teorizam sobre os processos de obsolescência e morte de línguas. Para as línguas indígenas brasileiras, pode-se consultar Rodrigues (1993) e Meader (1978).

# Pidginização e crioulização

Dois dos resultados do contato de línguas mais interessantes são os pidgins e os crioulos ou, para ser mais preciso, os processos que levam a eles, a pidginização e a crioulização. Por **pidginização** entende-se formação de um pidgin, quer o consideremos uma língua, quer não. Por **crioulização** entende-se a formação de uma língua crioula, uma vez que sobre esta não há a menor sombra de dúvida de que se trata de uma língua plena, como qualquer outra. É desses dois processos que tratarei no presente capítulo. Tanto a pidginização quanto a crioulização tendem a resultar das situações de contato mostradas nas Figuras 3 e 4 do capítulo "Conceituando contato de línguas". Recordando, a primeira se dá quando um povo mais forte (ou membros dele) se desloca para um território em que em geral convivem muitas línguas. Inicialmente, colonizadores estabelecem um posto no local, que pode evoluir para uma **sociedade de habitação**. Isso faz surgir a necessidade de uma língua franca de intercomunicação, que, frequentemente, tem a língua do povo mais forte como base. Nesse momento, pode emergir uma **sociedade de plantação** (Chaudenson, 1989). A segunda situação se dá quando tanto o povo mais forte quanto os povos mais fracos se deslocam para um terceiro território, que não é de nenhuma das partes, em geral ilhas.

Na verdade, há muitas semelhanças entre o processo de pidginização e o de crioulização. Entretanto, as diferenças são também muito grandes. Vejamos, em primeiro lugar, a pidginização. Antes, porém, é importante acrescentar que a situação de contato da Figura 4 do capítulo "Conceituando contato de línguas" (em que cada parte continua em seu território, mas se desloca esporadicamente ao território da outra parte) também pode dar lugar a pidgins, como é o caso do russenorsk.

**Pidgin** é um meio de comunicação que surge em situações como essas, isto é, quando povos falantes de línguas mutuamente ininteligíveis entram em contato, e esse contato perdura. Se ele for apenas casual, como o dos portugueses com os tupinambás de Porto Seguro, em 1500, nada fica do ponto de vista linguístico. É importante ressaltar que, para alguns autores, basta o contato de duas línguas para que emerja um pidgin. Para outros, são necessárias mais de duas, senão a parte mais fraca acaba adquirindo a língua da mais forte em sua plenitude. O fato é que o processo de formação de uma língua nessas situações geralmente segue os passos vistos na Figura 1.

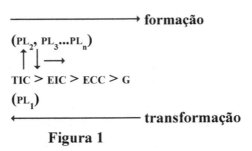

**Figura 1**

A primeira seta ascendente mostra que quem tenta entrar em contato primeiro são os representantes do povo mais forte (PL$_1$), como os colonizadores europeus, que se deslocaram para o território dos povos mais fracos (PL$_2$, PL$_3$...PL$_n$). Os representantes dos povos mais fracos em geral reagem a essa tentiva (seta descendente). Trata-se de TIC. Na *Carta* de Caminha há vários exemplos de TIC. Como tentativas individuais que são, tudo vale, contanto que surta efeito, embora tendam ao que já se chamou de "universais da comunicação". Em (1) temos o exemplo de um brasileiro monolíngue em português que tentava exigir o carro que havia encomendado à autolocadora. Embora estivesse na Alemanha, usou as poucas expressões que conhecia da língua de outro país, o inglês. Os membros da esquadra de Cabral lançaram mão da mímica.

(1) I paguei, I faço questão de my car.

Aquelas TIC que surtirem algum efeito no ouvinte poderão evoluir para **Estratégias Individuais de Comunicação** (EIC), como as que se veem em (2).

(2)
(a) me like boys 'eu trato bem os empregados'
(b) plenty kaikai, no fight? 'Há comida suficiente? Sem castigos?'

Pidginização e crioulização **101**

(c) yes, plenty kaikai and no fight 'Sim, há muita comida e nada de castigos'
(d) What you pay me? 'Qual é o salário?'
(e) one fellow anikow 'um "axe"' (Mühlhäusler, 1986: 136)

Essas EIC foram registradas nos momentos iniciais do contato entre europeus e trabalhadores no Pacífico. Como vimos, quem primeiro se dirige ao outro grupo são os colonizadores (2a). Os povos subordinados se manifestam em resposta a essa solicitação (2b). Em seguida, temos a continuidade dessa interação comunicativa, com membros do grupo de dominadores dando uma resposta (2c), os dominados fazendo outra pergunta (2d) e os senhores, finalmente, dando a última resposta (2e). Tudo isso antes que surgisse um pidgin propriamente dito. Aliás, as EIC de (2) parecem estar na transição para a fase seguinte. Tanto que se inserem em um fluxo interlocucional, como o examinado no capítulo "Ecologia da Interação Comunicativa".

Depois de serem repetidas algumas vezes, as EIC poderão se coletivizar, transformando-se em **Estratégias Coletivas de Comunicação** (ECC). Como exemplo, poderíamos aduzir as expressões de (3), da língua franca medieval.

(3) (a) pigliar fantasia 'ser orgulhoso', (b) mundo cosi-cosi 'o mundo é assim mesmo', (c) dio grande 'Deus é grande (vale a pena esperar)', (d) star bona cabessa 'ser inteligente'

Uma vez que se trata de estratégias coletivas, compartilhadas, já estamos indo na direção do germe de uma **gramática** (G), vale dizer, de uma nova língua, frequentemente uma língua crioula, como veremos (os conceitos de formação e transformação serão comentados a propósito da crioulização). Nos primeiros momentos da aquisição da língua pela criança ocorrem diversas TIC, EIC e ECC, antes de se consolidar uma G. Vejamos agora algumas das principais características que se tem atribuído aos pidgins.

Por ser um conceito problemático (cada autor tem uma concepção um tanto diferente), é difícil dizer em que momento desse processo ele se encontra. Talvez possamos localizá-lo na passagem de EIC para ECC, embora alguns autores falem em "pidgin estabilizado", como Mühlhäusler (1986), com o que ele atingiria o momento G. De qualquer forma, o pidgin é antes um processo do que uma língua firmemente estabelecida e estabilizada. Por isso se discute

**102** Linguística, ecologia e ecolinguística

se ele é efetivamente uma língua ou apenas uma pré-língua, ou protolíngua, como afirma Bickerton (1990: 118-26). Para evitar esses problemas, é melhor falar em pidginização, que é um um processo, do que um resultado (pidgin).

A primeira característica já foi dada anteriormente, a propósito da definição de pidgin. A segunda característica dos pidgins é a de que eles não têm falantes nativos. Alguns autores acrescentam a especificação de que, por isso mesmo, eles são resultado de uma aprendizagem imperfeita de L2. Por esse motivo, eles são considerados **línguas francas**, que são justamente línguas que servem para comunicação entre povos que não se entendem nas próprias línguas. No entanto, nem toda língua franca é um pidgin. O inglês, por exemplo, é a língua franca internacional. Por não ser o pidgin língua nativa de ninguém, não há sentimento de fidelidade a ele. Assim que as partes puderem, abandonam-no.

Uma terceira característica, derivada diretamente das duas anteriores, é a de que os pidgins são usados para atender a necessidades comunicativas mínimas. Geralmente, isso acontece no contato face a face, em que grande parte dos significados é dada pelo próprio contexto. Por isso mesmo, faz-se uso da mímica com bastante frequência. Se o grupo de pessoas e línguas contatantes perdurar, a língua precisa atender a todas as necessidades comunicativas e expressivas dos membros da nova comunidade, com o que o pidgin geralmente se criouliza, ou seja, adquire falantes nativos, de acordo com alguns especialistas, ou se expande, ainda como pidgin, segundo a opinião de uma minoria de estudiosos. Mas aqui há muitas divergências. Só há consenso no que tange ao fato de que o pidgin só é usado para necessidades comunicativas mínimas.

Para alguns autores, uma quarta característica seria a de que os pidgins não são mutuamente inteligíveis com nenhuma das línguas doadoras, nem mesmo com aquela que forneceu a maior parte do léxico. No entanto, não há consenso sobre essa matéria. Por exemplo, o russenorsk seria inteligível tanto a falantes de russo quanto a falantes de norueguês, sobretudo se seus enunciados são usados em uma situação pragmática bem específica, na qual o contexto supre toda uma série de informações não expressas verbalmente.

Uma quinta característica defendida por muitos autores seria a de que os pidgins são simplificados relativamente às línguas doadoras. Essa simplificação se manifesta tanto na gramática quanto no vocabulário. Assim, a sintaxe seria basicamente paratática e praticamente não haveria morfologia. Quanto ao vocabulário, seria bastante reduzido. Alguns acrescentam que os lexemas em geral são transparentes, ou seja, haveria uma biunivocidade entre significado e significante. Outros, ainda, afirmam que para suprir a pobreza do vocabulário os itens lexicais dos pidgins frequentemente são polissêmicos e polifuncionais, além de muitos conceitos serem expressos por circunlóquios. Como não poderia deixar de ser, tampouco sobre a natureza dessa simplificação existe consenso. Alguns autores acham mesmo que o conceito de simplicidade é preconceituoso, embora outros prefiram interpretar simplicidade em termos de otimização, o que vale, sobretudo, para os crioulos. Em vez de simplicidade, talvez se devesse falar em economia, ou seja, uso mínimo possível de material fonético para um máximo de rendimento.

A despeito dessa tendência à simplicidade (economia), o pidgin pode conter expressões inteiras tiradas de uma das línguas doadoras (frases feitas), em geral a língua dominante. A cristalização de estratégias comunicativas como as ECC de (3) já está nesse caso. Por isso, é temerário afirmarmos que o pidgin é simplificado relativamente às línguas doadoras. Vejamos o exemplo (4), da língua franca, dito por um muçulmano, a propósito da crença cristã.

(4)
Si e vero que estar inferno, securo papassos de vos autros non poter chappar de venir d'entro 'Se for verdade que o inferno existe, seguramente os padres de vocês não escaparão dele'

Além de frases feitas como *si e vero* e *vos autros* (< *vosotros*, do espanhol), em (4) vemos que pode ocorrer até uma oração relativa (*que estar inferno*), pinçada como um todo do italiano. Nota-se também que a preposição espanhola *de* ocorre duas vezes. Como sabemos, não é comum ocorrerem preposições em pidgins. Nem mesmo nos crioulos elas são numerosas, como ainda teremos oportunidade de discutir.

Existem outras características, sobre as quais há muita divergência de opinião. Uma delas é a de que os pidgins recebem a maior parte do léxico da língua dominante, o que se reflete na expressão "pidgin de base lexical inglesa". Isso é só parcialmente verdade. Com efeito, a formação do pidgin guarda muita semelhança com a aprendizagem de L2 em situações não monitoradas. Com isso, ele resulta de uma tentativa de falar a língua do outro. No entanto, há

**104** Linguística, ecologia e ecolinguística

pidgins cujo vocabulário provém de mais de uma fonte, como o tantas vezes citado russenorsk e até mesmo a língua franca (italiano, espanhol, árabe).

Muitos pidginistas e crioulistas acham que os pidgins não passam de meios de comunicação provisórios e precários que surgem em situações de contato. Por isso, seriam apenas um léxico mais ou menos compartilhado, sem nenhuma gramática. Os itens lexicais seriam encadeados aleatoriamente pelo falante, ou de acordo com a gramática de sua L1, e o entendimento (caso exista) se dá apenas devido ao contexto, como acontece com o jargão. Essa é a opinião, por exemplo, de Bickerton (1990), como já vimos.

Outros autores, como Mühlhäusler (1986), defendem a tese de que efetivamente os pidgins são instáveis (jargão) nos momentos iniciais do contato, mas que podem se estabilizar e até mesmo expandir antes de se crioulizarem, ou seja, adquirirem falantes nativos. É o que teria acontecido com o tok pisin da Papua-Nova Guiné. Muitos pidginistas acham que eles podem se estabilizar, mas não expandir como pidgins. Outros, como Bickerton, acham que o crioulo pode surgir diretamente do pidgin instável inicial, ou seja, do jargão. Outros, por fim, acham que não há necessariamente uma evolução pidgin > crioulo.

Outra característica é a de que os pidgins geralmente não têm uma comunidade de falantes própria. Isso contradiz a tese do EFL, vista no capítulo "Linguística, Ecologia e Ecolinguística", logo, não seria uma língua ou, pelo menos, não uma língua prototípica. Se levarmos em consideração que a situação ideal para a emergência de um pidgin é quando as duas partes se encontram em um terceiro território que não é de nenhuma delas, ou, então, quando cada uma continua em seu próprio território, fica explicado porque o pidgin não tem um T próprio. Com efeito, se o pidgin não tem falantes nativos e só é usado em situações de contato entre falantes de línguas mutuamente ininteligíveis, seria de se esperar que não tivesse uma comunidade própria. Alguns autores acham que é possível haver língua sem uma comunidade própria de falantes. Porém, nesse caso, ela não seria uma língua prototípica mas, talvez, uma **pré-língua**. É provável que esse tópico seja o principal motivo de a definição de pidgin ser tão problemática.

Vejamos, sinoticamente, as principais características que têm sido atribuídas aos pidgins:

(i) são meios de comunicação que resultam do contato de línguas mutuamente ininteligíveis;

(ii) não têm falantes nativos;

(iii) são usados para necessidades comunicativas mínimas;

(iv) não são inteligíveis com a língua doadora;

(v) são simplificados, ou reduzidos morfossintática e lexicalmente, em relação às línguas doadoras;

(vi) recebem a maior parte de seu vocabulário da língua dominante;

(vii) podem conter frases feitas, sobretudo da língua de superstrato;

(viii) podem evoluir de um jargão ou pidgin instável para uma forma estabilizada e até mesmo expandir-se; outra alternativa seria crioulizar-se a partir de qualquer uma dessas fases; o pidgin seria um pré-crioulo potencial;

(viii) geralmente não têm uma comunidade própria.

Para terminar, apresento alguns enunciados tirados de pidgins registrados na literatura.

(5) kote, motete, ol frend giv, no? (pidgin inglês do Havaí, dito por japonês)
"Eles compram presentes, trazem-nos e os dão a todos seus amigos, né?"

(6) mi kape bai, mi chek mek (idem, ibidem)
"Ele me comprou um café e me fez um cheque"

(7) mi onli chachi-chachi go palei, tarin gonon naega bisanis ani (idem, dito por coreano).
"Eu simplesmente fui à igreja rezar; outras coisas não eram de minha conta"

A expressão (5) é típica dos momentos iniciais do processo de pidginização, contendo elementos de mais de uma fonte. As ideias de "comprar" (kote) e "trazer" (motete) são da L1 do falante. Os itens lexicais da outra expressão (all friend give) foram tirados do inglês, alterados na fonética e na sintaxe. No caso desta última, o objeto vem antes do verbo, como no japonês. Em (6), todos os itens lexicais provêm do inglês. No entanto, o pouco que se pode rastrear de gramática é de base japonesa, como o objeto antes do verbo (mi chek meik, mi kape bai). No que tange a (7), metade provém do inglês, com sintaxe alterada, metade vem do coreano, exceto "bisanis" (business). Por esses três exemplos podemos ter uma ideia de quão complicada e instável é a situação dos pidgins.

# 106 Linguística, ecologia e ecolinguística

Há uma série de tentativas de comunicação interlinguística que poderíamos chamar de **situações pidginizantes**. Assim, o enunciado de (8) era atribuído ao português pidginizado dos índios em geral uns tempos atrás. O de (9) é quase um clichê desse tipo de situação. Quanto a (10), foi dito por um guia italiano a turistas estrangeiros.

(8)  mim querer apito 'eu quero apito'
(9)  me Tarzan, you Jane 'eu sou Tarzan; você é Jane'
(10) questo essere molto bello pittura Michelangelo 'isto é uma pintura muito bonita de Michelangelo'

Passemos à crioulização, que seria o término do processo indicado na Figura 1, ou seja, o momento em que se cristaliza uma língua, uma gramática (G). Digo "seria" porque o crioulo não é necessariamente uma continuação de um pidgin prévio, como alguns autores pretendem. Para eles, após formado, o pidgin pode ser adquirido como língua materna por crianças nascidas na comunidade emergente, momento em que se crioulizaria. Essa teoria é chamada de **nativização** (de um pidgin). Após formado, e até mesmo enquanto está se formando, esse crioulo começa a se reaproximar da **língua lexificadora**, ou seja, a língua dominante, que forneceu a esmagadora maioria do vocabulário. Essa reaproximação tem recebido o nome de **descrioulização**. A totalidade desse processo foi chamada de **ciclo vital**.

A teoria que tem mais seguidores nos dias atuais, no entanto, é a de que, assim que o agrupamento heterogêneo de pessoas que se veem juntas, pelos processos das Figuras 2 e 3 do capítulo "Conceituando contato de línguas", começa a se consolidar como comunidade, começa a conconsolidar-se também uma língua mista própria, diferente de todas as línguas dos povos que intervieram em sua formação. Linguagem e comunidade são interdependentes, no sentido de que a primeira é parte da segunda. Portanto, em vez de nativização o que se tem na formação de um crioulo é a **comunitarização** de um meio de comunicação específico da nova comunidade. O conceito de nativização é por demais problemático, pois não sabemos quantas crianças são necessárias para que possamos dizer que surgiu uma nova língua (nativização). E se nascer apenas uma? O conceito de comunitarização evita esses problemas.

Voltando ao gráfico da Figura 1, notamos que de ↑↓, ou seja, dos primeiros momentos do primeiro encontro até TIC não há nada comum entre as partes, do ponto de vista cultural. O pouco que pode haver nesse sentido são experiências relacionadas com a orientação no mundo. De TIC para EIC já começa a surgir um vocabulário compartilhado. Geralmente ele é tirado da língua dominante e/ou de mais prestígio, mas nem sempre na íntegra. A partir de EIC começam a surgir EIC, que significa a passagem da não língua (ou pré-língua) para a língua, momento em que surge uma gramática, independente da gramática das línguas intervenientes. É aí que surge a língua crioula, no momento do compartilhamento de um meio de comunicação, se não por todos, pelo menos por uma parte significativa dos que se encontram juntos no território em questão (comunitarização). Como o que importa é o fato de estarem as partes juntas no território, o fato de se apropriarem dele, ou seja, de socializarem o uso do território, poderíamos também dizer que a língua crioula se forma quando há uma **territorialização**. Isso lembra o processo ecológico que se inicia com uma espécie pioneira, que atrai outra e mais outra até formarem uma **comunidade clímax**.

Resumamos as principais características dos crioulos. Antes de mais nada, eles resultam do contato de povos de línguas mutuamente ininteligíveis que, sobretudo durante o período de colonização da África, Ásia e América pelas potências europeias, passaram a conviver em um território comum, frequentemente em ilhas ou em fortes costeiros. As primeiras eram normalmente o que se convencionou chamar de "plantações", daí o nome de crioulo de plantação, como no Havaí, no Haiti, na ilha Maurício, em Guadalupe etc. Os segundos são representados, entre outros, pela atual Guiné-Bissau, o Suriname, a Serra Leoa etc.

Dadas as condições sócio-históricas de seu surgimento, as línguas crioulas apresentam uma gramática relativamente simplificada em comparação tanto à língua do povo dominante quanto às línguas dos povos dominados ou de substrato. Entre as principais características estruturais das línguas crioulas salientam-se:

(i) Tendência à sílaba CV na fonologia, como se pode ver nos seguintes exemplos do crioulo português da Guiné-Bissau: grande > *garandi*, esmola > *simola*, cru > *kuru*, acabar > *kaba*. Em geral as palavras tendem a ser dissilábicas.

(ii) Tendência à ordem SVO, ou seja, sujeito-verbo-objeto. Um exemplo na mesma língua seria *mininu kume mangu*, "o menino comeu a manga". Essa ordem se mantém mesmo quando um ou os dois argumentos se pronominalizam. Assim, temos *mininu kume-l*, "o menino comeu-a" e *i kume-l* "ele comeu-a".

**108** Linguística, ecologia e ecolinguística

(iii) Uma terceira característica da maioria dos crioulos é o uso de partículas tempo, modo e aspecto (TMA), nesta ordem, antes da raiz verbal, em vez de apenas a linha temporal passado-presente-futuro, como nos exemplos de (11).

(11)
(a)  El, i kanta 'ele cantou'
(b)  El, i kanta <u>ba</u> 'ele cantara'
(c)  El, i <u>na</u> kanta 'ele está cantando'; (c') El, i <u>na</u> kanta <u>ba</u> 'ele estava/ esteve cantando'
(d)  El, i <u>ba</u> kanta 'ele ia, foi, vai cantar' (irreal); (d') i <u>ba</u> <u>ta</u> kanta 'ele ia ser cantor'; (d'') i <u>ba</u> kanta <u>ba</u> 'ele foi/vai estar cantando'
(e)  El, i <u>ta</u> kanta 'ele canta, é cantor'; (d') El, i <u>ta</u> kanta <u>ba</u> 'ele era cantor'
(f)  El, i <u>ba</u> <u>ta</u> kanta <u>ba</u> 'ele tinha ido ser cantor'

Como a narrativa crioula tem como ponto de referência o momento do próprio evento, a forma do verbo que se refere a ele é a raiz verbal pura, sem nenhuma partícula. Se quisermos expressar um momento anterior a ele, usamos o *ba* posposto ao verbo (b). Se a ação narrada é de continuidade (imperfectividade), adiciona-se a partícula *na* antes do verbo (c), que pode combinar com *ba* (c'). A partícula *ba*- antes do verbo indica irrealidade (d), modo que pode se combinar com habitual (d') e com anterioridade (tempo) (*ba*). Se a ação é habitual, usa-se a partícula *ta* (e). Por fim, é possível combinar todas as partículas de tempo, modo e aspecto (TMA) (f).

Aqui o guineense desvia um pouco do TMA prototípico, pois ele pospõe a partícula de anterioridade (b) ao verbo. Em outros crioulos ela permanece antes dele, como no havaiano *Jon <u>bin</u> smok* 'John fumara'.

(iv) Tendência à inexistência de cópula. O equivalente de "João é professor" no guineense, por exemplo, é *Jon i pursor*. O *i* não deve nos enganar. Ele é uma cópia do sujeito, de modo que, ao pé da letra, tradução seria "João, ele professor".

(v) Normalmente, os crioulos têm poucas preposições. Se o português tem cerca de 17 preposições simples, o guineense tem apenas umas sete. O crioulo inglês tok pisin tem apenas uma preposição simples (*long*), sendo que as demais são locuções prepositivas que se iniciam por ela. O próprio guineense tem uma preposição que se poderia chamar de coringa, que é *na* 'em', formada de "em" mais "a".

(vi) Pouca morfologia, e essa pouca morfologia em geral tende a ser produtiva. A morfologia derivacional é muito menos numerosa do que a das línguas de que o crioulo provém. A morfologia flexional é quase ausente. No guineese, *mininu* significa tanto "menino" quanto "menina"; "três meninos" é *tris mininu*. Não há necessidade de marca de plural. Devo notar, no entanto, que o crioulista gerativista Michel DeGraff discorda da asserção de que o crioulo tem menos morfologia do que as línguas doadoras; sem razão, no meu modo de ver. Os próprios tópicos "simplicidade" e "pouca morfologia" são polêmicos. Para contornar isso, alguns estudiosos falam em "gramática ótima", "gramática não marcada" em vez de "gramática simples". Como em quase todas as áreas da Linguística e da ciência em geral, muita coisa na crioulística é motivo de polêmica.

(vii) Preferência pela parataxe em vez da hipotaxe nas narrativas. Um exemplo poderia ser *Deus subi riba i ba fitcha tchuba*, literalmente "Deus subiu em cima, ele foi fechar a chuva", ou seja, "Deus foi lá em cima a fim de fechar a chuva".

(viii) Pergunta indicada apenas pela elevação da voz no final da sentença. Isso acontece mesmo em crioulos cujas línguas lexificadoras (de superstrato) ou línguas de substrato têm partícula interrogativa. Por exemplo, o inglês tem o morfema *do/did*, o francês o *est-ce que*. No entanto, todos os crioulos derivados dessas línguas indicam a pergunta pela entoação ascendente.

A entoação ascendente para indicar interrogação é um dos universais linguísticos, pelo menos de acordo com alguns autores. O que é mais, ela é apenas mais uma opção dessas línguas (e dos pidgins) por formas não marcadas. Aliás, isso é fácil de explicar levando-se em conta as condições sócio-históricas desse tipo de língua. Elas surgem do contato de línguas mutuamente ininteligíveis. Não há ensino formal. Assim, as pessoas que detêm menos poder são obrigadas a tentar captar o que podem do que ouvem das que detêm o poder. Trata-se de um tipo de comunicação, ou tentativa de comunicação, extremamente precário, em condições altamente difíceis. Nessas condições, tudo o que for dispensável geralmente é dispensado. Via de regra, o que é dispensável em uma situação de comunicação são os traços marcados. Vejamos, por exemplo, a já mencionada frase portuguesa "Todas as meninas pequenas chegaram atrasadas". Todas as palavras que a compõem trazem o morfema de plural, inclusive o verbo. Todas, menos o verbo, estão no feminino. Tanto é verdade que muita coisa aqui é dispensável do ponto de vista da comunicação que no português rural, e até em algumas variedades do português popular, essa frase se torna "As minina pequena chegô tudo atrasado". Como se vê, a marca de plural só ocorre no artigo. A de gênero aparece no núcleo do sujeito e nos seus adjuntos artigo (anteposto) e adjetivo (posposto). No crioulo não haveria marca de número nem de gênero em nenhuma das palavras. Se estritamente necessário, dir-se-ia algo como *mininu femia* (menina), por oposição a *mininu machu* (menino). Quanto à pluralidade, é inteiramene desnecessária diante do quantificador "tudo".

A maioria dos autores defende a ideia de que é impossível definir uma língua crioula apenas por traços estruturais. Alguns deles chegam a afirmar que aquilo que chamamos de crioulo só pode ser definido sócio-historicamente. Sua gramática não teria nada que o separe das demais línguas naturais. No momento só me ocorrem dois autores que defendem a tese de que é possível dizer se uma língua é crioula apenas pelos traços gramaticais, ou seja, Derek Bickerton (implicitamente) e John McWhorter (explicitamente). Eu acho que nenhum dos dois lados está inteiramente certo. Se apenas as condições sócio-históricas fossem suficientes para se ter uma língua crioula, no quilombo de Palmares teríamos tido uma com toda certeza. Como está cabalmente demonstrado, as condições sócio-históricas estavam aí plenamente atendidas. O fato é que para se ter uma língua crioula é necessário que haja uma conjunção das condições sócio-históricas alinhavadas anteriormente com um conjunto de traços não marcados como os que já vimos. Em suma, na caracterização das línguas crioulas são necessários tanto critérios de história interna quanto de história externa. Entretanto, é preciso ficar bem claro que as características estruturais são resultado de processos sócio-históricos, como afirmam Thomason e Kaufman (1988: 35).

Alguns autores afirmam que, após formado, o crioulo tende a se reaproximar da língua lexificadora, processo conhecido como **descrioulização**. No entanto, tem havido críticas a esse conceito, com a alegação de que ele seria preconceituoso. Eu não consigo ver que preconceito poderia estar escondido aí. Pelo contrário, parece que ele seria até politicamente correto, uma vez que implica descaracterização do crioulo, devido à força massacrante da língua lexificadora que continua convivendo com ele. Para mim, descrioulização implica, de certa forma, algo como uma conspurcação da língua crioula pela dominação da língua do ex-colonizador, a língua de superstrato, lexificadora.

Para terminar, seria interessante acrescentar que normalmente as regiões crioulófonas são multilíngues. Na Guiné-Bissau, por exemplo, mais de 15 línguas convivem com o crioulo. De modo que há um *continuum* linguístico que pode ser representado como se vê a seguir, e como está representado graficamente na Figura 1 do capítulo seguinte (as setas indicam que pode haver influências nas duas direções).

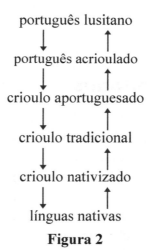

**Figura 2**

Em um extremo do *continuum* estão as línguas **nativas africanas** (balanta, mandinga, fula, manjaco e outras). Logo a seguir, vem o crioulo influenciado por elas, o **crioulo nativizado**. Acima delas, vê-se o nível do **crioulo tradicional**, que seria o crioulo "puro" das regiões rurais, isento de influências do português. Essa variedade de crioulo é chamada de **basileto**. No outro extremo do espectro crioulo, está a variedade que chamei de **crioulo aportuguesado,** que, como o próprio nome já dá a entender, é fortemente influenciado pelo português. Um pouco mais acima no esquema, vem o **português acrioulado**, que é a variedade de português adaptada ao meio ambiente guineense, vale dizer, o português guineense. Por fim, temos o **português lusitano**, que também se

## 112  Linguística, ecologia e ecolinguística

faz presente no país, embora em grau mínimo. O crioulo aportuguesado é chamado de **acroleto**, ou seja, a variedde mais próxima da língua de superstrato, que às vezes chega a se confundir com a variedade local dela, o português acrioulado. Entre basileto e acroleto encontram-se os **mesoletos**. É importante salientar que não se trata de realidades estanques. Pelo contrário, só podemos falar em basileto, mesoleto e acroleto lançando mão do conceito ecológico de porosidade dos ecossistemas, motivo pelo qual cada ecossistema é delimitado pelo observador. No caso presente, o linguista seleciona determinado número de traços que tendem a ocorrer em determinado nível de linguagem e delimita aí o basileto, o mesoleto ou o acroleto. Cada um deles tem traços específicos e traços comuns aos demais. Somente o mesoleto parece não ter traços específicos. Ele seria aquele nível de linguagem em que se interseccionam traços do basileto e do acroleto.

## Leituras recomendadas

Em Couto (1998), há uma detalhada discussão sobre os conceitos de pidgin e crioulo, opondo as diversas opiniões que existem sobre o assunto. Mostra-se que o conceito de pidgin é dispensável na definição de crioulo. Em Couto (2002), encontra-se uma ampla discussão sobre o conceito de pidgin, exemplificado com o pidgin conhecido como língua franca. Couto (1996) contém um apanhado geral sobre a crioulística e a pidginística. Além da conceituação de pidgin e crioulo, encontram-se aí também breves descrições da situação linguística em algumas regiões crioulófonas, além de textos em diversos crioulos do mundo.

Bickerton (1990) defende a ideia de que pidgin não é uma língua plena, mas uma pré-língua, ou protolíngua, o que parece ser correto, pelo menos para algumas situações.

Mais detalhes sobre crioulos e pidgins, inclusive uma extensa lista de alguns dos principais pidgins e crioulos existentes mundo afora, pode-se encontrar em Holm (1988, 1989) e Arends, Muysken, Smith (1995). As duas obras são os mais abrangentes apanhados gerais da pidginística e da crioulística surgidos até a época de sua publicação.

# Multilinguismo

Antes de entrar no assunto propriamente dito, algumas observações preliminares se fazem necessárias. Em primeiro lugar, é importante frisar que tratarei do **multilinguismo societário** ou **territorial**, não do **multilinguismo individual**. Em segundo lugar, é importante ter em mente que tudo o que disser do multilinguismo vale também para o **bilinguismo**, uma vez que este é apenas um aspecto daquele, como Uriel Weinreich já havia notado. Em terceiro lugar, o multilinguismo é um reflexo linguístico do que em Ecologia se chama de diversidade de espécies, uma vez que língua é equiparada a espécie biológica, no caso, uma espécie parasita. Em quarto lugar, como manifestação da diversidade que é, pelo menos aparentemente o multilinguismo infringiria a categoria do EFL, ou seja, do Ecossistema Fundamental da Língua. Com efeito, este parte de uma situação idealizada, prototípica, que leva em conta o princípio **uma língua, um povo, um território**. Em quinto lugar, o multilinguismo surge em função das migrações de povos e respectivas línguas (PL), o que acaba pondo em contato duas ou mais línguas em determinado território. Portanto, ele não é um castigo, como diz o mito da Torre de Babel, mas uma consequência inevitável dessas migrações e do isolamento em que o grupo migrante se vê frente ao grupo original de que se desgarrou. Como se vê, o multilinguismo pressupõe tanto divergência quanto convergência. Divergência porque o desenvolvimento natural das línguas se dá no sentido cladístico; convergência, no sentido de que povos diferentes se instalam em territórios contíguos.

A quinta observação tem a ver diretamente com o processo de convergência de povos de línguas diferentes em territórios adjacentes. Se não houvesse as conquistas e a dominação de um povo pelo outro, esse multilinguismo de vizinhos não apresentaria nenhum problema. Acontece que, frequentemente, os detentores do poder (que podem ser conquistadores exógenos, mas não necessariamente)

**114** Linguística, ecologia e ecolinguística

delimitam artificialmente determinado território como sendo o do Estado, em geral abrangendo territórios de diversos povos e línguas, perturbando a situação ideal prevista no EFL. A maioria dos casos que será passada em revista mais a seguir nesta situação. É bem verdade que a subespécie do multilinguismo chamada de bilinguismo pode emergir do mero deslocamento de povos, frequentemente os mais fracos para o território de um povo que já tem uma língua estabilizada. Por fim, contrariamente ao que muitos pensam, o multilinguismo e o bilinguismo são a regra, não a exceção. É provável que não haja país no mundo que não apresente algum tipo dessa complexidade linguística; nem mesmo a Islândia.

Um EFL original "intocado" por representantes de outros EFL pode ser chamado de **ecologia linguística simples**. Talvez alguns grupos ameríndios sejam dos últimos remanescentes dessa situação original. Os tasaday das Filipinas também entrariam nessa categoria. Eles se tornaram conhecidos dos demais nativos da região por volta de 1950, chegando ao conhecimento do governo filipino e do resto do mundo só em 1970. Mas, após o contato com línguas de outros EFL, geralmente surgem **ecologias linguísticas complexas**. Isso se mostra de modo convincente com o advento dos Estados nacionais, como já notado. Quase sempre, um povo mais forte delimita determinada área como sendo seu território. Em princípio não haveria nenhum mal nisso. O problema é que, nesse território, as mais das vezes, habitam outros povos minoritários e/ou mais fracos. Nessas situações, o povo hegemônico impõe sua língua e sua cultura como a de todo o território do Estado, que passa a considerar uma "nação". Um dos exemplos europeus mais eloquentes é o da França, embora o mesmo valha para a maioria dos países e das línguas europeias, com raras exceções como Portugal e Islândia, se é que são exceções. Quando algumas dessas "nações" europeias (Portugal, Espanha, Holanda, Inglaterra) começaram a dominar outras regiões do mundo, impuseram implícita ou explicitamente sua cultura e sua língua aos povos conquistados. Sempre que temos bilinguismo ou multilinguismo societário haverá uma língua dominante, em geral a língua do povo dominante. As demais línguas terão um *status* subordinado, frequentemente de **língua minoritária**, sobretudo se o número de seus falantes for menor do que o da língua dominante. Afinal, *cuius regio, eius lingua* (Coulmas, 1985: 113). Como diz Haugen (1972: 309), "os canadenses falantes de inglês são fervorosamente a favor do bilinguismo, contanto que isto signifique que são os franceses que devem aprender o inglês".

A Índia é uma das situações de multilinguismo que pode ser chamada de **multilinguismo territorial**, ao lado da Suíça, da Bélgica e de outros países. Por exemplo, os invasores ingleses delimitaram como território indiano o que compreendia diversos povos e línguas diferentes, mais umas, menos outras. De acordo com o Censo de 1961, existem aí cerca de 200 línguas, pertencentes às famílias indo-europeia, dravídica e sino-tibetana. Alguns autores chegam a falar em 1.652 línguas (Coulmas, 1985: 210). O fato é que atualmente a constituição do país reconhece 15 línguas oficiais. Após a independência da Inglaterra em 1947, a Constituição declarou o hindi como língua nacional, cuja escrita é o devanagari, embora para alguns essa língua seja a mesma que os muçulmanos do noroeste e do Paquistão chamam urdu, que usa a escrita árabe. Como o hindi era (e ainda é) alvo de muita resistência por parte dos falantes de línguas dravídicas do sul (como telugu, tamil, kannada e mayalam), a Constituição declarou também a língua do invasor (inglês) como língua nacional até 1965. Como a resistência ao hindi continuou, o inglês foi declarado oficial por tempo indeterminado.

As 15 línguas oficiais são as seguintes, com indicação do estado em que cada uma é falada e do número de falantes (cf. Thomason, 2001; Coulmas, 1985; Khubchandani, 1984; Southworth, 1971).

| Língua | Estados em que é oficial | Número de falantes |
|---|---|---|
| hindi | Bihar, Haryana, Himachal Pradesh, Gujarat, Madhya Pradesh, Rajasthan, Uttar Pradesh, Delhi | 264.189.057 |
| bengali | Bengala Oriental | 51.503.085 |
| telugu | Andhra Pradesh | 54.226.227 |
| marathi | Maharashtra | 49.624.847 |
| tamil | Tamil Nadu | 44.730.389 |
| urdu | Jammu, Caxemira | 35.323.282 |
| gujarati | Gujarat | 33.189.039 |
| kannada | Karnataka (ex-Mysore) | 26.887.837 |
| malayalam | (Kerala) | 25.952.966 |
| oriya | Orissa | 22.881.053 |
| punjabi | Punjab | 18.588.400 |

| assamês | Assam | 8.958.977 |
| kashmiri | Caxemira | 3.174.684 |
| sindhi | (?) | 1.946.278 |
| sânscrito | (?) | 2.946 |

A essas línguas, devem ser acrescentados o inglês, o konkani (falado em Goa) e o manipuri, todos com *status* de línguas administrativas. O inglês vem ganhando terreno cada vez mais como língua praticamente oficial, além de ser uma língua franca suprarregional. Para complicar o quadro, deve ser ressaltado que em algumas regiões há mais de uma língua oficial. Por exemplo, em Gujarat o hindi também é oficial, ao lado do gujarati; em Orissa, o inglês é oficial ao lado do oriya. Há o problema dos territórios. Em Abdaman, Nicobar e Delhi, o hindi e o inglês são oficiais; em Pondicherry, inglês e francês; em Kerala, mayalam e inglês. Em outras regiões, o inglês sozinho é oficial, como na Nagalândia, em Chandigarh, em Goa, em Damão, em Diu, em Manipur etc. Para complicar ainda mais a situação, todas as regiões e/ou estados têm línguas minoritárias. Assim, em Gujarat são falados também o urdu, o sindhi e o bhili; em Assam, o bengali, o hindi e o bodo. Mesmo deixando de lado o hindi, que é oficial em todo o país, e o inglês, também estudado em todo o país, nenhum estado ou região tem só essas línguas. Trata-se, portanto, de uma situação linguística bastante complexa. Mais adiante, falarei especificamente da localidade de Kupwar, localidade em que três línguas estão em contato, com interferências em vários sentidos, em diversos níveis da gramática.

Há mais complicadores, como o fato de algumas línguas serem faladas em países vizinhos. Por exemplo, a língua urdu, que segundo alguns formaria uma única língua com o hindi, é oficial no Paquistão, só que, como já observado, é escrita com caracteres árabes. O tamil é falado também no Sri Lanka; o bengali é também falado em Bangladesh, e assim por diante. Como se pode ver, aparentemente a Índia violaria o princípio **uma língua, um povo, um território** e, portanto, o EFL. Antes de discutir essa questão, vou falar um pouco sobre a situação da Guiné-Bissau que, guardadas as devidas proporções, é tão complexa quanto a da Índia.

A Guiné-Bissau é um pequeno país de apenas 36.125 km² e uma população que deve girar em torno de um milhão de habitantes (não há estatísticas confiáveis). O país está situado no noroeste africano, entre o Senegal (ao norte), a Guiné-Conacri (ao sul) e o oceano Atlântico a oeste. Ele é o que restou da colonização portuguesa na costa ocidental africana desde meados do século XV. Nesse pequeno território, são faladas cerca de 20 línguas, muitas delas pertencentes a famílias diferentes, outras são tão aparentadas que poderiam ser classificadas como dialetos de uma mesma língua. As principais línguas étnicas são as seguintes, com porcentagem do número aproximado de falantes: fula (16%), balanta (14%), mandinga (7%), manjaco (5%), papel (3%), felupe (1%), beafada (0,7%), bijagó (0,5%), mancanha (0,3%), nalu (0,1%). Alguns linguistas defendem a tese de que manjaco, mancanha e papel podem ser considerados como três dialetos de uma mesma língua. Com efeito, a fonologia dos três é idêntica, exceto alguns alofones diferentes, o que para a sociolinguística não seria nenhum problema. Toda língua natural apresenta alofones diferentes em diferentes dialetos.

As dez línguas recém-mencionadas não são as únicas que se fazem presentes na Guiné-Bissau. Poderíamos acrescentar o bayote, o banhum, o badyara (pajadinca) e o cobiana, entre outros. Além disso, temos o crioulo, que talvez seja falado por uns 75% da população. Ele é a verdadeira língua franca do país, no presente momento a única possibilidade de união nacional, embora seja mais falado nas cidades e nos encontros interétnicos e interlinguísticos, como o que se dá no mercado de Bandim, nos arredores de Bissau. Para complicar o quadro, a língua oficial é o português, conhecido apenas por cerca de 2% da população. A despeito disso, é a língua da escola, dos meios de comunicação, da documentação oficial, do governo em atos oficiais e assim por diante. Mas há outras línguas que se fazem presentes no país, como o cunante (sem porcentagem de falantes), o cassanga (em adiantado estado de desaparecimento), o wolof, o francês etc. Como a distinção entre língua e dialeto não é clara, é preciso ressaltar que muitas "línguas" diferentes são apenas "nomes" diferentes para variedades da mesma língua.

Como essas línguas convivem em um pequeno território, necessariamente há um contato relativamente intenso entre seus falantes. Diante desse contato e dos resquícios da colonização portuguesa, visíveis na presença do crioulo e do português, resulta uma espécie de *continuum* (já mencionado no capítulo precedente) que vai desde variedades do português lusitano, passando por variedades de crioulo aportuguesado e crioulo tradicional, basiletal, até as línguas nativas, étnicas, de modo que o ecossistema da ecologia linguística bissau-guineense pode ser representado como se vê na Figura 1.

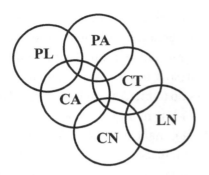

PL = português lusitano
PA = português acrioulado
CA = crioulo aportuguesado
CT = crioulo tradicional
CN = crioulo nativizado
LN = línguas nativas

Como pontos extremos desse complexo ecossistema, temos o subecossistema do **português lusitano** (PL), falado apenas pelos portugueses que se encontram no país e por uns pouquíssimos guineenses que foram escolarizados em Portugal e/ou trabalham na administração do país. No mais das vezes, o que os últimos falam é um **português acrioulado** (PA), ou seja, um português com uma inconfundível marca do crioulo. Logo a seguir, vem uma variedade de crioulo que poderíamos chamar de **crioulo aportuguesado** (CA), ou seja, um crioulo que apresenta fortes influências de português. É a variedade da língua usada pelas pessoas cultas, o que significa que é a forma usada nos poucos programas de rádio em que a língua é usada. Quanto ao povo analfabeto, sobretudo o das regiões urbanas, fala um crioulo mais basiletal, representado pelo círculo chamado de **crioulo tradicional** (CT). Para um grande contingente da população, o crioulo é segunda língua, uma vez que tem como L1 uma das diversas línguas étnicas mencionadas anteriormente. A variedade de crioulo falada por muitas pessoas pertencentes a esse segmento da sociedade guineense é um **crioulo nativizado** (CN), ou seja, um crioulo com forte marca das línguas nativas (nos dois sentidos do termo), étnicas. Isso acontece sobretudo com as pessoas vindas das tabancas do interior que aprendem o crioulo já em idade adulta. Por fim, temos as línguas étnicas, ou **línguas nativas** (LN). Poderíamos acrescentar pelo menos mais um círculo para variedades de línguas nativas influenciadas pelo crioulo, algo como **[língua] nativa acrioulada** (NA). Isso se dá muito no nível lexical: são inúmeros os empréstimos que elas recebem do crioulo.

É bom deixar claro que não estou querendo dizer que cada círculo da Figura 1 representa uma gramática. Pelo contrário, cada um deles representa um momento no *continuum* da complexa situação linguística guineense. Trata-se de uma delimitação como a que faz o ecólogo ao definir o ecossistema que vai estudar, como se pode ver na categoria da porosidade. Entre os inúmeros traços linguísticos que se interseccionam de um extremo ao outro, o linguista pode delimitar determinado conjunto que costuma ocorrer nas mesmas situações, para facilidade de observação. O CA, por exemplo, contém muitos empréstimos lexicais do português e, às vezes, até expressões inteiras tiradas dessa língua. Vejamos um exemplo de Couto (1994: 142). A tradução nem é necessária, uma vez que qualquer falante de português pode entendê-lo.

(1)
*Aonte Secretáriu di Stadu Purtuguis di Negóc' Strangeru e Cuperaçon i ba visitá Cumpanhia Industrial de Cerveja i Rifrigeranti (Cicer), cu complexo figorifico di Bulola, ndé qui ricibidu pa Ministro Musa Jasi, di informaçon e Telecomunicaçon, i Pedro Godinho Gomes, di Banco Nacional di Guiné-Bissau.*

O crioulo tradicional (CT), chamado localmente de *kriol fundu*, por seu turno, seria incompreensível aos não iniciados. Vejamos um provérbio (*ditu*), transcrito da mesma fonte:

(2) *Kin ku misti pis, i ta ba modja rabada na iagu*

Todos os morfemas provêm do português. No entanto, sem uma explicação, nenhum falante dessa língua entenderia o provérbio. A etimologia de cada um é a seguinte: *kin* < quem, *ku* < que, *misti* < é mister (= quer), *pis* < peixe, *i* < ele, *ta* < tá (<stá < está < estar), *ba* < vai, *modja* < molha(r), *rabada* < rabo (traseiro), *na* < em + a (na), *iagu* < água. Portanto, a tradução aproximada é "Quem quer peixe deve molhar o traseiro na água".

Dos traços que pertencem à variedade de crioulo CN, poderíamos citar, entre outros, traços fonéticos e semânticos. Vejamos um exemplo fonético: como em bijagó não existe o fonema /f/, seus falantes o substituem por /p/, quando começam a falar crioulo. Assim, *fasi* (fazer) vira *pasi*. O balanta não tem /p/. Seus falantes o substituem por /b/, como em *poti* (pote) que é pronunciado como (*boti*). Entre as influências semânticas, temos as formas de tratamento. Para o equivalente do nosso "como vai" ou "oi", dizem os guineenses em geral *kuma di kurpu* (como está o corpo), sendo que a resposta é *kurpu sta bon*

**120** Linguística, ecologia e ecolinguística

(o corpo vai bem). O verbo *kansa* pode significar tanto "cansar" quanto "ser difícil". Cumprimenta-se também perguntando pela posição em que a pessoa se encontra. Se ela está deitada, cumprimenta-se assim: *bu na dita*? "você está deitado?" Se ela está de pé, diz-se *bu na firma* "você está de pé?" Tudo isso é transposição de conteúdos étnicos africanos para o crioulo. Enfim, como os círculos indicam "momentos" de um *continuum*, "momentos" em que uma série de traços se sobrepõe, cada um desses traços pode ocorrer também nos "momentos" adjacentes.

Os círculos da Figura 1 podem ser lidos também do ponto de vista da distância/proximidade estrutural de um em relação aos demais, representada pela distância/proximidade topológica. Assim, entre PL e LN não existe a mínima possibilidade de intercompreensão. Por exemplo, um português que só conheça sua língua e um fula que só conheça sua língua pertencem a ecossistemas linguísticos excludentes. Entre falantes de PA e de CA e até de CT já haveria alguma possibilidade de entendimento. Às vezes até mesmo entre um falante de LN e um falante de PA poderia haver alguma chance de uma comunicação por mais precária que seja, no caso, via CT. Entre falantes de CN e de PA as chances de entendimento são maiores, uma vez que os espectros linguísticos dos dois se interseccionam com CA e CT. Em suma, o fato é que a maioria dos guineenses tem pelo menos um domínio passivo do crioulo. Ele é o intermediário entre diversas variedades linguísticas existentes na Guiné-Bissau.

Aliás, seria interessante lembrar que um popular do mercado de Bandim me disse que *lingu i raça* (a língua é o povo), o que está em sintonia com a tese de Mufwene de que língua é uma espécie parasita da população. A despeito disso, grande parte dos guineenses considera o crioulo como *lingu di ningin* (língua de ninguém), ou seja, língua que não é de nenhuma etnia, portanto, não há resistência a ela. Por esse motivo, eu inverti a fórmula para *kriol i lingu ku tudu gintis ta papia na Gine*, ou seja, "o crioulo é a língua que todos falam na Guiné-Bissau".

As situações linguísticas complexas sempre resultam de algum tipo de intervenção externa no processo linguístico. No caso da Índia, o problema surgiu devido à colonização inglesa, que delimitou como sendo um único Estado uma região que abrange talvez mais de mil línguas. No caso da Guiné-Bissau, os portugueses delimitaram as regiões que compreendem o atual país, mais a região da Casamansa, no sul do Senegal, que passou para a França em 1886, ignorando os domínios dos povos e línguas locais. De modo que a língua mandinga tem seu domínio maior fora das fronteiras guineenses (Mali, Senegal, Gâmbia, Guiné-Conacri etc.). O fula tem um domínio parecido. O balanta é uma das poucas línguas que é mais falada na Guiné-Bissau do que fora de suas fronteiras, mas, mesmo ele, é falado também no Senegal.

Para ter um começo de entendimento do que se passa nesses países, é interessante partir do conceito de **comunidade de fala** (CF), por oposição a **comunidade de língua** (CL). CL é um conceito relativamente fácil de definir. É o domínio do que chamamos laicamente de língua. Assim, a CL portuguesa compreende Portugal, Brasil, Angola, Moçambique, Cabo Verde, Guiné-Bissau, São Tomé e Príncipe, Timor Leste e outras regiões em que a língua portuguesa eventualmente seja usada. A CL islandesa se restringe à Islândia, enquanto a CL coreana compreende a Coreia do Norte e a Coreia do Sul. Quando se fala em CL, pensa-se no domínio do sistema abstrato chamado língua, sobretudo a língua padrão. A CF, por seu turno, é bem mais complexa, uma vez que, mais concreta, tem a ver com atos de interação comunicativa efetivos. Voltando ao caso da Coreia, teríamos duas CF, ou seja, a CF da Coreia do Sul e a CF Coreia do Norte. Por quê? Simplesmente porque os coreanos do norte interagem entre si muito mais do que com os coreanos do sul por estarem em um mesmo território, apesar de Norte e Sul falarem a mesma língua, ou seja, de pertencerem à mesma CL. Por aí se vê que na definição de CF tem que entrar toda uma série de fatores adicionais, além de CL. A CL é uma condição necessária, mas não suficiente, para a existência de uma CF mesmo porque na CF pode haver a participação de mais de uma CL, como nos casos de multilinguismo.

O primeiro fator adicional que importa para CF é a delimitação territorial, ou seja, a existência de um T próprio. Assim, a Guiana Francesa é uma CF independente da CF francesa, a despeito do fato de pertencer à mesma CL que a França. Do mesmo modo, o T da Coreia do Norte está claramente delimitado em relação ao da Coreia do Sul. Outros fatores seriam um sistema monetário próprio, forças armadas independentes, sistema viário, correios, sistema educacional, meios de comunicação de massa e assim por diante. Não se pode esquecer também a consciência de se pertencer a um a comunidade diferente (identidade). Tudo isso faz com que a comunidade assim delimitada constitua um *locus* em que as pessoas interagem (comunicam-se) entre si intensamente.

Na França são falados o bretão, o basco, o catalão, o provençal, o alemão e outras variedades menores, além do francês. Não obstante, a França como

**122** Linguística, ecologia e ecolinguística

um todo constitui uma CF, pelos critérios recém-definidos. Na Guiné-Bissau, são faladas cerca de vinte línguas. Mesmo assim, ela constitui uma CF. O que é mais, é uma CF independente da CF senegalesa, embora na região sul do Senegal (Casamansa) se fale também o crioulo português. O que acontece é que Guiné-Bissau e Casamansa constituem a CL do crioulo, mas não uma CF. Os casamansenses interagem muito mais com os restantes senegaleses do que com os guineenses, portanto, fazem parte da CF senegalesa (que inclui o wolof, o francês e outras línguas). Como se vê, há CF **simples**, como a islandesa, e CF **complexas** ou multilíngues, como a guineense, a indiana e a francesa.

Vê-se, portanto, que existe em um território delimitado geográfica e politicamente, no seio do qual a interação tem que se dar de alguma maneira. A divisão política e o desejo de constituir uma nação unificada ou um grupo com identidade própria dão lugar a todo um conjunto de meios de comunicação, o que opõe esta CF às demais. Tudo isso opõe a Suíça à França, apesar de parte do território suíço ser de língua francesa. Em suma, CL é um EFL geralmente de grandes proporções, independentemente de se há interação ou não em seu seio. Quanto a CF, é a vida comunitária encarada da perspectiva dos atos de interação comunicativa, ou melhor, da EIC.

Desse ponto de vista, a Guiné-Bissau constitui uma CF. Apesar de seu multilinguismo e multietnicidade, apesar de seu território ter sido delimitado artificialmente no final do século passado (Conferência de Berlim em 1884-1885, Acordo Franco-Português em 1886), podemos considerar esse país como uma CF. Com efeito, não se conhece nenhum caso de algum guineense que não tenha conseguido se comunicar (trocar atos de fala) com qualquer outro guineense por falta de uma língua comum. Além disso, temos o crioulo, cujo domínio aumenta dia a dia. Essa CF está representada na Figura 1, do presente capítulo.

CL é uma abstração, por isso pode ter um domínio geográfico maior, como o do inglês, ou menor, como o do islandês. CF, por outro lado, pode ser simples (homogênea) ou complexa (heterogênea), sendo que a maioria é complexa. O ideal seria que CL e CF coincidissem, como é o caso islandês até certo ponto e de algumas línguas ameríndias. Mas isso raramente acontece. Os casos em que um povo é o único falante de sua língua e vive em seu próprio território são, atualmente, a exceção, não a regra, pelas razões vistas no capítulo "Conceituando contato de línguas". O normal é haver mais de uma língua em determinado território (CF complexa) e cada língua ser falada em mais de um território, portanto, ser uma CL que se faz presente em mais de uma CF. Mas isso não invalida a tese central de que na situação original toda língua integra um EFL.

Já vimos que o bilinguismo e o multilinguismo surgem quando, por decisões políticas, se tenta formar um Estado (e os governantes gostariam que ele fosse um EFL) com componentes de EFL diferentes. No início do processo, a única possibilidade de se entender a realidade, dada como fato consumado, é concebê-la como uma CF complexa, ou seja, um conglomerado de povos e línguas cujos membros têm que interagir uns com os outros por estarem sujeitos ao mesmo poder central e compartilharem um território delimitado por quem manda. Cria-se assim um Estado multiétnico e multilíngue e, depois, luta-se para fazer dele uma nação, se possível com uma única língua. Tanto que em muitos países multilíngues da África, inclusive na Guiné-Bissau, o tema "construção da nação" é uma constante. No caso da Índia, o poder central gostaria que a única língua fosse o hindi, mas os falantes de línguas dravídicas ao sul, entre outros, não o aceitam. Na Guiné-Bissau, não há antagonismo propriamente dito entre as diversas etnias e línguas. Além disso, há o crioulo, que é uma espécie de língua de união nacional. O que não permite que o desejo do poder estatal de ter uma nação unificada se concretize é a extrema pobreza e a corrupção que destroem o país. Diante dessas duas mazelas, a questão da união nacional passa a ser irrelevante, a grande massa do povo passa ao largo dela. Sua principal preocupação é a sobrevivência diária.

Alguns observadores alegam que haveria pouco contato interlinguístico na Guiné-Bissau, que cada indivíduo interagiria com membros de seu próprio grupo. Porém, pelo menos nas "praças" (cidades, vilas, povoados) e, sobretudo, nos mercados, há uma intensa interação. De modo que poderíamos retomar o conceito de **mercado linguístico** de Pierre Bourdieu (cf. Bourdieu, 1984). O autor refere-se mais a "mercados" intralinguísticos mas, se partirmos da ampliação que Calvet (1987) faz dele para abranger os "mercados" interlinguísticos, a afirmação de que não há contatos (ou de que há poucos contatos) dessa natureza deixa de fazer sentido. Na própria capital, Bissau, há pelo menos dois mercados: o Central e o conhecido como do Bandim. O segundo se dá ao ar livre e abrange um bairro inteiro. Nele há um contato de povos e línguas das mais diversas procedências. A língua que permite a comunicação entre todos é o crioulo, em suas diversas variedades, como as que

**124** Linguística, ecologia e ecolinguística

vimos na Figura 1. Aliás, desde priscas eras os mercados têm sido um *locus* de contatos multilíngues. Em Calvet (1987), diversos exemplos são apresentados e discutidos, inclusive casos em que não há uma língua franca para intermediar o entendimento; o que há é uma "troca muda". Mas isso é o início de um processo que pode levar a uma pidginização (e ulterior crioulização) e/ou ao surgimento de uma língua franca, o que o próprio pidgin já é.

É importante ressaltar que os círculos da Figura 1 às vezes indicam línguas, às vezes indicam variedades de línguas (dialetos?). Com isso, vemos que aquela Figura mostra, adicionalmente, que a distinção entre língua e dialeto é irrelevante. Tanto que nenhum linguista conseguiu fazer uma delimitação clara dos dois.

Comunidade de fala em um contexto de multilinguismo estatal pode alterar-se com o tempo. Há uns anos, a União Soviética poderia ser considerada como uma CF, embora não a mais prototípica que se possa imaginar. De qualquer forma, ela se enquadraria na definição de EFL. Outro exemplo, mais ou menos da mesmo época, era a Iugoslávia. Com o desmoronamento do comunismo e a queda do Muro de Berlim, tanto URSS quanto Iugoslávia se esfacelaram. No caso específico da Iugoslávia, Montenegro foi a última região a se separar da união com a Sérvia, em 2006, sendo que no momento (2008) Kosovo está tentando fazê-lo também. Por isso, não há mais CF soviética nem iugoslava. Isso mostra que o conceito de CF é relativamente dinâmico. A CF pode ser construída, mas pode também ser desfeita. Exemplos claros de CF complexas e instáveis são, por exemplo, as das línguas crioulas. O que é mais, trata-se de CF que consolidarão uma CL, uma vez que não há CF sem CL, nem CL sem CF.

Voltemos à questão do multilinguismo indiano, exemplificando com o povoado de Kupwar. Ele tem cerca de 3 mil habitantes, e está situado a 4,82 km do distrito de Sangli, estado de Marahashtra, e a 11,26 km da fronteira do estado de Karnataka (ex-Mysore), cuja língua oficial é o kannada. Apesar disso, a língua mais falada não é a língua oficial de Marahashtra, marathi. No entanto, ela é a principal língua literária. Serve como o principal meio de comunicação intergrupal. É a língua neutra, por não ser a língua materna da maioria nem de grupos dominantes. Outra língua de Kupwar é o urdu, falado pelos muçulmanos. O telugu, língua oficial do vizinho estado de Andhra Pradesh, tem pouca importância, sendo falado apenas por alguns fabricantes de cordas. Marathi e hindi/urdu são línguas indo-arianas; kannada e telugu, dravídicas.

Uma vez que as normas locais exigem estrita separação entre as esferas pública e privada, cada grupo mantém a própria língua intacta nas interações intragrupais. Nas intergrupais, no entanto, tem havido um constante *code-switching*, o que afetou os sistemas gramaticais locais. Nessas situações, pode haver intertradução morfema por morfema entre as três línguas. Vejamos em (3) o equivalente de *I cut some greens and brought them*, nas variedades locais das três línguas. Tudo que disser aqui está baseado em Gumperz e Wilson (1971: 155). T = t retroflexo; â = schwa.

(3)

| (a) urdu: | pala | jâra | kaT | ke | le | ke | a | φ | ya |
| (b) Marathi: | pala | jâra | kap | un | ghe | un | a | l | o |
| (c) Kannada: | tapla | jâra | khod | i | tâgond | i | bâ | φ | yn |
| | greens a little | having | cut | having | taken | I | c | a | m | e |

'Eu cortei algumas verduras e as trouxe'

Apesar de os lexemas serem diferentes sobretudo do kannada em relação às outras duas línguas, a estrutura sintática é a mesma. A conclusão é a de que "os códigos usados em situações de *code-switching* em Kupwar têm uma única estrutura superficial". Além disso, "as três variedades locais são idênticas na fonética também, embora tenham regras morfofonêmicas diferentes"

Convergência gramatical se deu também no domínio do gênero e da concordância verbal, na direção do kannada; posposições dativas e acusativas, na direção marathi/urdu; sv não finito e verbos compostos, na direção de urdu marathi/kannada; uso de cópula, de urdu/marati para kanada; conjunção subordinativa *ki*, de kannada para urdu/marathi; sufixos verbais interrogativos, de marathi para urdu/kannada; alguns casos de mudança semântica, na direção urdu marathi/kannada. O urdu adotou a distinção exclusivo/inclusivo no pronome de segunda pessoa de plural existente em marathi e kannada.

O fato é que houve adaptações em todas as direções. O que é mais, houve empréstimos tanto de lexemas como de itens gramaticais. Mas os empréstimos gramaticais são tidos como engraçados, quando se chama a atenção dos falantes que os tenham usado. Sobretudo morfemas flexionais, marcas morfofonêmicas, são marcas de identidade linguística. No caso, foi o urdu que se adaptou mais, vindo o kannada logo em seguida. Tanto que ele mudou em onze casos, ao passo que o marathi e o kannada mudaram em seis cada. Por outro lado, não houve nenhuma mudança na direção do urdu apenas, sendo que houve uma na direção do marathi, seis na direção do kannada, quatro na direção do

**126** Linguística, ecologia e ecolinguística

kannada/marathi e cinco na direção do urdu/marathi. No total, houve cinco mudanças na direção do urdu (sempre junto com outra língua), dez na direção do kannada e dez na direção do marathi. A maioria das mudanças, mas não todas, foi simplificadora.

Não houve nenhuma mudança envolvendo apenas duas línguas. Havendo mudança, todas as três entraram em ação. A língua que mais exportou mudanças foi o marathi, provavelmente devido à sua importância política: é a língua da capital do distrito, Sangli, além de estar no território de um estado (Marahashtra) de que é a língua oficial. Os jainistas, por exemplo, usam-no na comunicação com comerciantes e com agricultores das redondezas, falantes de marathi.

A conclusão geral de Gumperz e Wilson (1971) é a de que os habitantes de Kupwar compartilham uma sintaxe única, mas cada grupo mantém o próprio léxico. A sintaxe comum é usada nos contatos intergrupais, contradizendo a crença de que o léxico é mais volúvel do que a gramática. Aqui se mantém o léxico; o que muda, para se adaptar, é a gramática. Tanto que os autores ressaltam que, se na pidginização em geral há relexificação, as variedades de urdu, kannada e marathi em Kupwar se regramaticalizaram (*re-syntactification* é o termo deles). Isso vai na direção do que chamei de anticrioulo.

Por fim, é interessante notar que o contato de mais de uma língua em um mesmo lugar é comum na Índia, desde priscas eras. Na Antiguidade e na Idade Média já havia a variedade culta chamada sânscrito e a variedade mais popular (vulgar), o prácrito. A tal ponto que já se aventou a possibilidade de o próprio marathi ser resultado de uma pidginização causada pelo contato das línguas indo-arianas do norte com as dravídicas do sul (Southworth, 1971). Em Assam, no extremo leste, existe até mesmo um pidgin, o nagamês, falado na Nagalândia (Sreedhar, 1977).

Tudo o que foi dito até aqui se refere ao multilinguismo societário, não ao multilinguismo individual. No entanto, a maior parte dos estudos dedicados ao assunto diz respeito aos do segundo tipo. O que é mais, geralmente eles se dedicam ao bilinguismo, quando muito fazendo um adendo de que tudo o que se diz dele vale também para o multilinguismo. Essa concepção persiste até os dias atuais, ou seja, praticamente todos os estudiosos do assunto se concentram no bilinguismo. Mas os problemas conceptuais não param por aí.

Desde pelo menos Weinreich (1953), se tem considerado a mente do indivíduo como o *locus* do contato de línguas (MA mental), logo, também do bilinguismo. Por isso se têm estudado os "problemas" que ele pode trazer ao bilíngue. Nem todas as pessoas consideradas bilíngues têm as duas habilidades (falar e entender) no mesmo grau. O normal é o bilíngue ter as duas capacidades na L1, mas ter apenas um domínio passivo da L2.

No domínio do bilinguismo individual, tem-se estudado muito a sua relação com o cérebro, a começar por Weinreich (1953: 9-11), que apresenta quatro hipóteses, reproduzidas em (4).

(4)  (a)  (b)  (c)

| | book livre | book=livre | book |
| | /buk/ /livr/ | /buk/ /livr/ | /buk/ |
| | | | /livr/ |

O tipo (a) passou a ser chamado de bilinguismo coordenado. Segundo essa hipótese, o indivíduo aprende as duas línguas em ambientes distintos, mantendo os significados de cada palavra separados. Isso aconteceria com um adulto que tivesse o português como L1 e aprendesse o inglês como L2, na escola. Ele manteria as duas separadas, em contextos separados. A hipótese (b), chamada de bilinguismo composto, afirma que o indivíduo aprende as duas línguas no mesmo contexto e as usa ao mesmo tempo, ou seja, há uma fusão das duas no cérebro. Seria o caso da criança que aprendesse duas línguas em casa, de modo que dois significantes seriam associados ao mesmo significado ou representação mental. A hipótese (c), por fim, que é um subtipo de (a), ou seja, o bilinguismo subcoordenado, propõe que o bilíngue interpreta os significados de sua língua secundária em termos da primária. Seria o caso de um brasileiro que tivesse aprendido o inglês como L2 e interpretasse as palavras desta língua pelo filtro do português. É o que parece ocorrer no início do aprendizado de uma segunda língua. Não há unanimidade entre os especialistas sobre nenhuma dessas hipóteses.

Como se vê, um dos assuntos estudados no bilinguismo individual é o modo como se armazenam e processam as duas línguas no cérebro. Esse assunto foi explorado em profundidade por Michel Paradis. Em seus estudos, incluem-se questões como a organização neurolinguística e a relação língua-

**128** Linguística, ecologia e ecolinguística

pensamento nos bilíngues. Em Paradis (1977), ele mostra, usando o modelo da gramática estratificacional (hoje, Linguística Neurocognitiva), que as interferências podem se dar em todos os níveis. Por exemplo, um bilíngue que se enquadre no modelo 4(c) pode realizar o morfema francês /Ry/ como /ru/, à la inglesa. Sintaticamente, ele pode produzir a frase "J'ai donné le livre à lui", pelo modelo de "I gave the book to him", em vez de "Je lui ai donné le livre". Cada um desses fenômenos pode ocorrer diferentemente em cada nível, além de alterar-se ao longo do tempo.

No que tange à relação língua-pensamento, Paradis defende a tese de que o bilíngue combina as alternativas (4a) e (4b). Isso significa que as duas línguas estariam conectadas diferencialmente ao mesmo conjunto de informações conceptuais-experienciais, da perspectiva da memória conceptual geral, que é independente de línguas específicas. Por outro lado, cada língua tem seu universo semântico específico. Longe de ser um problema para o bilíngue, ter essas duas alternativas representaria uma riqueza maior em termos de capacidades mentais gerais, uma vez que ele tem mais maneiras de representá-las (Paradis, 1980: 426). Em Paradis (1980) a questão do armazenamento e processamento das duas línguas no cérebro é investigada mais a fundo. Sua conclusão geral aí é de que "não há nenhuma evidência de que a gramática de cada língua tenha a ver com estruturas neurais organizadas de modo diferente, pelo menos da perspectiva do comportamento linguístico do sujeito".

A questão do bilinguismo tem sido muito estudada da perspectiva da organização das duas línguas no cérebro e de possíveis efeitos disso na aprendizagem escolar. Mas a questão educacional, por mais importante que ela seja socialmente, não é o foco de minha investigação. Por isso, enfatizei mais o multilinguismo que, das questões recém-mencionadas, está diretamente relacionado com a ecologia das línguas e, sobretudo, ao ecossistema formado por um grupo de línguas, embora o bilinguismo também possa ser encarado dessa perspectiva (*societal bilingualism*). O ideal seria ter um território, ocupado por um povo, falando sua própria língua, como previsto na Ecologia Fundamental da Língua (ou Ecossistema Fundamental da Língua). Mas, como toda idealização, o EFL permanece apenas como ideal e como tal, serve de ponto de referência para estudarmos situações complexas como as constituídas pelo bilinguismo e multilinguismo.

Além da distinção entre bilinguismo ou multilinguismo individual *vs.* bilinguismo ou multilinguismo societário (ou territorial), geralmente associados a domínio de um Estado-nação, com a globalização surgiu a questão do multilinguismo de uma perspectiva mais ampla. Sobretudo na União Europeia (UE), já parcialmente unificada monetariamente e constitucionalmente, a questão do gerenciamento de línguas de um ponto de vista supranacional é uma necessidade premente. Não é para menos que é justamente nesse continente que têm surgido preocupações com o **multilinguismo continental**. Em Bruxelas, existe o Centro de Pesquisas sobre Multilinguismo, coordenado por Peter Hans Nelde. Sua localização aí não é casual, pois é justamente em Bruxelas que frequentemente se reúnem representantes dos diversos países/línguas para tomar decisões de interesse geral da União Europeia. Por volta do ano 2000, a UE tinha 11 línguas oficiais e de trabalho e cerca de 45 línguas minoritárias. Diante desse quadro, que língua usar nas reuniões? A língua mais falada da comunidade é o alemão, com 95 a 100 milhões de falantes. No entanto, seu uso apresenta inúmeros obstáculos. A pecha de ter sido a língua do nazismo é um deles. O francês vem perdendo terreno. O espanhol tem poucas chances. O italiano menos ainda. Diante dos problemas, o inglês vai dominando, como alhures (Nelde, 2000a; 2000b).

O fato é que a questão do multilinguismo está presente a todo momento na UE. O assunto vem sendo investigado não só por Nelde. Denison (Denison, 2001) também já o atacou. Ele chega a falar em "ecologia linguística europeia". Sobre o inglês ele afirma que "como a língua internacional mais amplamente usada no mundo, o inglês não tem rival nessa função na Europa no momento" (p. 80), embora haja autores que salientem diversos problemas que uma língua todo-poderosa assim pode representar para a cultura mundial. Em suma, além de multilinguismos estatais como o da Índia e da Guiné-Bissau, os estudiosos e políticos têm que se haver com ecologias linguísticas mais amplas.

No contexto do multilinguismo supranacional, deve ser mencionada também a questão do *Sprachbund*, termo proposto por Trubetzkoi em 1928. Trata-se dos casos em que línguas geograficamente próximas tendem a compartilhar uma série de traços, mesmo quando algumas delas pertencem a famílias linguísticas diferentes. O exemplo clássico é o das línguas balcânicas. Um traço característico delas é o compartilhamento de praticamente um sistema vocálico muito parecido. Outros casos de *Sprachbund* incluem a região do mar Báltico, o planalto da Etiópia, a bacia do Rio Sepik (Papua-Nova Guiné) e a costa noroeste dos Estados Unidos. Algo semelhante se dá com as línguas oeste-africanas, como as da Guiné-Bissau, de que eu tenho mais informações.

**130** Linguística, ecologia e ecolinguística

Antes de terminar, gostaria de salientar que a delimitação de uma região multilíngue como um Estado tem suas implicações políticas, culturais e educacionais. Em primeiro lugar, os detentores do poder via de regra impõem uma política linguística centralizadora, o que leva à necessidade de um **planejamento linguístico** que privilegia determinada língua. Essa língua privilegiada é a **língua estatal**, termo que prefiro a designações mais comuns como língua padrão, língua oficial e outras. Ele deixa claro a que veio: é a língua do Estado, do poder. Isso tem toda uma série de consequências para o ensino, as publicações, os discursos oficiais e os meios de comunicação de massa, entre outros. Ser língua estatal não significa ser também a língua da nação, do povo como um todo. Na verdade, frequentemente cada povo é uma nação ou nacionalidade. Por mais que os donos do poder queiram ter uma nação como base de seu Estado, este será sempre artificial até certo ponto. Mesmo que, para amenizar a situação, decretem que uma ou outra das demais línguas seja **língua nacional**. Alhures eu chamei isso de prêmio de consolação, pois ser língua nacional não implica em absolutamente nada em termos de vantagens reais.

# Leituras recomendadas

A bibliografia sobre multilinguismo e bilinguismo é imensa. Vou recomendar apenas alguns dos itens mais conhecidos. Grande parte dos estudiosos se dedica ao bilinguismo, frequentemente enfatizando o bilinguismo individual. Entre as obras que poderiam ser citadas, incluem-se:

- Hugo Baetens Beardsmore (*Bilingualism: basic principles*, Clevedon, Tieto, 1982);
- Suzanne Romaine (*Bilingualism*, Oxford, Basil Blackwell, 1989);
- François Grosjean (*Life with two languages*, Cambridge, Cambridge University Press, 1982);
  Especificamente sobre o multilinguismo, pode-se começar pelo tantas vezes citado Weinreich (1953). Além dele, livros como os seguintes podem ser um bom começo:
- Einar Haugen (*The ecology of language*, Stanford, Stanford University Press, 1972);

- Veroboj Vildomec (*Multilingualism*, Leiden, Seitthoff, 1971);
- Harald Haarmann (*Multilingualismus II: Elemente einer Sprachökologie*, Tübingen, Gunter Narr Verlag, 1980).

Sobre o multilinguismo indiano, pode-se ler Khubchandani (1984). Sobre o multilinguismo guineense, há um apanhado geral em Couto (1994).

Obras como Calvet (1987), Coulmas (1985) e outras citadas no texto também são ótimas fontes de consulta sobre multilinguismo. Aliás, Calvet dirige uma revista intitulada justamente *Plurilinguismes*.

# Multidialetalismo

Ecologias linguísticas (ou situações linguísticas) complexas não são apenas as de multilinguismo. Mesmo onde presumivelmente existe um monolinguismo societário, a ecologia pode ser complexa. Devido à variação interna da língua, temos, como situação mais comum, a do **multidialetalismo**. Trata-se de uma complexidade de segundo grau, não de primeiro, como a do multilinguismo. Veremos que o multidialetalismo apresenta basicamente os mesmos problemas que o multilinguismo. Mas o multidialetalismo não é o único complicador das situações linguísticas ditas unilíngues. Pode haver também, e frequentemente há, as linguagens especiais, entre as quais se podem discernir as gírias, os jargões profissionais, os jargões de grupos de malfeitores e/ou criminosos (inclusive nos presídios), os jargões das máfias (como o dos narcotraficantes), além de muitos outros. Porém eu não vou entrar nesses assuntos aqui, restringindo-me aos dialetos. Para falar em multidialetalismo é preciso incluir na discussão a questão do que é dialeto *vis-à-vis* língua. Como todo Estado-nação almeja ter uma língua única que o represente, é preciso incluir também o assunto variedade padrão que, às vezes, aparece sob o nome de língua oficial, língua do Estado ou língua estatal, no caso do multilinguismo, ou, no caso que aqui interessa, dialeto padrão, oficial ou **dialeto estatal**. Nesse contexto, faz-se necessário incluir também o que os dirigentes do Estado chamam de língua nacional. Tampouco nesse assunto eu entrarei aqui; no capítulo sobre o multilinguismo eles foram aflorados tangencialmente.

Comecemos pelo próprio conceito de **dialeto**. Ele nasceu na Grécia Antiga, em que não havia uma norma única que pudesse ser usada na escrita, mas várias normas regionais. As três principais eram o jônico, o dórico e o ático. O jônico era usado para a historiografia e outras formas de prosa antiga; o dórico, para a lírica e os cantos corais; o ático, para o drama e a retórica. Como se vê, o conceito nasceu no contexto da escrita. Mediante a força unificadora da escrita e a centralização

# 134 Linguística, ecologia e ecolinguística

do poder e da cultura em Atenas, surgiu uma norma unificada, próxima do dialeto ateniense, chamada *koiné dialektós*. O fato é que hoje **língua** se refere, sincronicamente, a uma norma unificada ou a um conjunto de normas aparentadas. Diacronicamente, ela se refere a uma língua que está se fragmentando ou a uma língua comum que resulta da convergência de diversas variedades/dialetos. Enfim, língua e dialeto são conceitos relativos. Um só se define em relação ao outro.

Para salientar quão difícil é definir língua por oposição a dialeto, seria interessante lembrar uma metáfora frequentemente evocada pelos linguistas, atribuída a Max Weinreich. Ele teria dito, em uma aula, que "língua é um dialeto com um exército e uma marinha" que, no "original iídiche", é "A shprakh iz a diyalekt mit an armey un a flot", no artigo "Der Yivo un di problemen fun undzer tsayt" (Yivo e os problemas de nosso tempo), publicado no periódico *Yivo-bleter* (v. 25, n. 1, 1945: 13). Na verdade, Weinreich teria ouvido essa frase de um jovem estudante, provavelmente Joshua Fishman, que assistia a uma de suas palestras (Bright, 1997). De qualquer forma, a frase se tornou corrente no meio linguístico. A popularidade da metáfora entre os sociolinguistas já aponta para o fato de que, na verdade, não há diferenças linguísticas propriamente ditas entre língua e dialeto. Além do mais, ambos os conceitos atendem os requisitos do EFL, talvez mais o dialeto do que a língua. A metáfora diz claramente que a variedade cujos falantes têm força (poder) para se impor como língua será considerada língua. A que não a tiver será considerada dialeto.

São inúmeros os casos que demonstram o quão problemática é a distinção entre língua e dialeto. Podemos começar pelo galego, que, aparentemente, não tem *status* de língua, o que significa que seria dialeto. Mas se é dialeto, dialeto de que língua? Do espanhol, que é a língua oficial do Estado em cujo território ele se encontra? O problema é que o galego é mais próximo do português estrutural e historicamente, além de em termos de intercompreensão. Português e galego têm uma história comum, pois nasceram como galego-português, no início da formação do atual Estado português. Foi o acaso histórico de D. Afonso Henriques ter iniciado a conquista dos territórios do sul, na direção do atual Algarve, que deu a configuração do que viria a ser o atual Estado português, o que deu força política para que o "dialeto português" do "galego-português" se impusesse como língua. Hoje, falamos sem titubear em "língua portuguesa". Ela poderia ter sido absorvida na língua espanhola ou, pelo menos, ter passado a ser considerada mero dialeto dela, não fosse o acaso histórico recém-mencionado. Lembremos que o português é muito mais parecido com o espanhol do que o catalão, que se encontra no território do Estado espanhol.

O caso do catalão é muito interessante. Além de língua da província espanhola da Catalunha, cuja capital é Barcelona, é também a língua oficial de Andorra, e é falado também além-fronteira, ou seja, no sul da França. Durante a ditadura de Franco, o espanhol era a única língua reconhecida, o uso oficial de qualquer outra, inclusive do catalão, era legalmente punido. O catalão era jogado na vala comum dos dialetos regionais. Com o advento da democracia, a proibição foi suspensa, de modo que atualmente ele é uma das línguas oficiais da Catalunha, ao lado do espanhol, o que significa que a província é bilíngue. Para complicar ainda mais a situação, mesmo no interior da Espanha o catalão se fragmenta em dialetos, como o de Valência e o das ilhas Baleares, que têm menos resistência ao poder centralizador do espanhol. Somando a isso a intensa migração de castelhanofalantes para a Catalunha, está havendo uma castelhanização da região, embora no seio do povo local o catalão continue vivo. Em Bastardas i Boada (1996) há uma detalhada discussão dessa situação.

Na China, há mais de 50 línguas diferentes. Entre elas temos wu, xian, gan, min, yué, hakka (kejia), xiang etc. Mas o discurso oficial considera que só há uma língua. As demais variedades seriam "dialetos". No século XIII, as línguas do norte receberam o nome de **guan hua** (língua dos funcionários), que a partir do século XVI seria chamada de **mandarim** (do verbo português "mandar"). Na escrita havia duas variedades, o **wen yan** (língua dos caracteres), e o **bai yan** (língua branca, fácil). Essas denominações têm claramente o objetivo de indicar certo desejo de unificação linguística do país. Em 4 de maio de 1919, eclode um movimento contra o **wen yan**, tido como instrumento de dominação, o que favorece o **guo yu** (língua nacional). A última é retomada em 1949, sob o nome de **pu tong hua** (língua comum), sendo que a expressão "guo yu" continua a ser usada em Taiwan, então, Formosa. Há uma tendência, no estado chinês, a vender a ideia de que só há uma língua oficial chinesa, o pu tong hua, o que implicaria que tudo o mais é dialeto, mesmo não havendo intercomunicação entre eles. Tudo isso mostra mais do que nunca que é considerado língua o dialeto que tiver o apoio do Estado para se impor como tal. Além disso, cerca de 5% da população (o que dá mais de um milhão de pessoas) fala línguas de famílias diferentes, como o mongol, o uigur, o kazak (do grupo altaico), o tibetano e o yi (do grupo tibeto-birmano), o zhuang e o buyi (do grupo thai),

**136** Linguística, ecologia e ecolinguística

o yao, o miao e outras. Em síntese, mesmo deixando de lado essas línguas minoritárias, a ecologia linguística chinesa é extremamente complexa, embora da perspectiva do Estado se trate de unilinguismo.

O árabe apresenta um problema semelhante ao do chinês, com a diferença de que as "variedades de chinês" são faladas dentro de um único Estado, ao passo que as de árabe são frequentemente usadas em países-Estados diferentes. O conhecedor do assunto Louis-Jean Calvet afirma que, deixando de lado as paixões religiosas e políticas, a primeira realidade linguística árabe é constituída pelo que as pessoas dizem no seu dia a dia. Nesse sentido, teríamos os "dialetos" tunisiano, argelino etc., em inglês *coloquial Arabic*. Em um segundo nível, o descritivo, fala-se em árabe médio, em árabe moderno padrão (*Modern Standard Arabic*); em árabe, *arabiyya wusta*. Árabe médio seria próximo do que é falado localmente, o moderno estaria do lado do escrito. Além disso, há o árabe clássico, do corão, árabe **fusha al turat** (língua patrimonial). O autor acha que o mais sensato seria distinguir entre um árabe escrito, um árabe oralizado e falares árabes. O primeiro é o árabe clássico, que não é língua materna de ninguém, mas que se aprende como uma língua cristalizada, morta. O segundo é o árabe médio, mais próximo das realidades locais, mas que é também aprendido. Os terceiros são "dialetos", os únicos herdados no seio da família. Para o autor, mesmo estes seriam línguas diferentes, como o dos países do *Maghreb* (Marrocos, Argélia, Tunísia), do Egito, do Líbano, da Síria, da Jordânia e assim por diante. A ideologia do movimento pan-árabe quer vender a ideia de que da Mauritânia até Omã (passando por Egito, Líbano e Síria) se falaria a mesma língua, o árabe. Isso seria verdadeiro se fosse entendido no mesmo sentido em que se diz que Portugal, Espanha, França, Itália e Romênia falam língua latina ou românica. Nesse caso, o árabe geral seria equivalente ao latim, portanto, uma língua morta, como disse Calvet.

Na Alemanha temos outra situação interessante. Há uma série de dialetos, tais como o bávaro, o alemano, o suábio, o turíngio, o saxônio, o ripuário, o francônio e o frísio. Por razões histórico-políticas, e como não havia intercompreensão entre a maioria deles, foi se impondo uma espécie de "língua de unidade" (*Einheitssprache*), que recebeu também nomes como "língua do palco" (*Bühnensprache*), "língua alta" (*Hochsprache*) e "alto alemão" (*Hochdeutsch*), sendo que a última designação é a mais usada atualmente. Hoje em dia, qualquer alemão aceita a ideia de que os oito "dialetos" recémmencionados são dialetos da língua alemã. O problema é que pelo menos um dos tais "dialetos" passou a ser considerado língua, ou seja, o baixo francônio, que hoje é o holandês, língua oficial da Holanda. O "dialeto" bávaro não teve o mesmo destino, a despeito de parte dele ser falada na atual Áustria, que constitui outro país-Estado. Tampouco o "dialeto" da atual Suíça (variedade do alemano), passou a ser "língua". Hoje em dia, o dialeto germânico desse país é conhecido como *Schwyzertütsch*, que é considerado um dialeto da língua alemã. Mas a ininteligibilidade entre esse dialeto e o alemão é tão grande quanto a que há entre holandês e alemão, que são considerados duas línguas distintas.

Para complicar ainda mais o problema insolúvel de se distinguir língua de dialeto, há designações que se sobrepõem total ou parcialmente. Na Alemanha, o dialeto seria usado em uma pequena área, sendo que a "língua de unidade" teria uma abrangência maior. Esta teria surgido para permitir uma comunicação sem ruídos entre dialetófonos das diversas regiões, promovida sobretudo pelas partes da população cujo raio de atuação se estendia além dos limites dos dialetos, como os religiosos, os cavaleiros medievais, os comerciantes, a criação da imprensa, os sábios e literatos, além de alguns cientistas. As migrações dos proletários rurais para a cidade não tiveram grande influência no processo, pois a língua de unidade se restringia aos que exerciam trabalhos mais intelectuais.

Poderíamos enumerar os casos *ad libitum*. Por exemplo, poderíamos acrescentar a situação do servo-croata ou croata-sérvio, que, durante a vigência do Estado iugoslavo socialista, era considerado como uma única língua, o que implicaria que o sérvio e o croata seriam dialetos dela. Com a queda do regime comunista e a revivescência dos Estados-nações Sérvia e Croácia, cada um diz que tem sua própria língua, respectivamente sérvio e croata, o primeiro usando a escrita cirílica e o segundo empregando a latina. Algo parecido se dá com o moldavo e o romeno, com o persa e o pashto, com o tamil e o telugu, além do urdu (no Paquistão e na Índia) e o hindi (na Índia). Na Índia, os falantes de marathi consideram o konkani como um dialeto de marathi. No entanto, em Goa ele tem *status* de língua. É curioso que muitas línguas indígenas americanas têm uma função muito parecida com a dos dialetos na Alemanha e na Suécia.

Dialeto sempre teve um *status* inferior ao de língua. Tanto que, quando se quer rebaixar o *status* de determinada língua ou designá-la pejorativamente, estigmatizando-a, é comum as pessoas a chamarem de dialeto. Até pessoas presumivelmente cultas se referem às línguas indígenas, africanas e outras de minorias étnicas ou de povos não inseridos no processo de globalização como dialetos. Eu já ouvi, na famosa rádio Voz da América, alguém falando em "African dialects". Quem diz isso não saberia responder à simples pergunta: "Dialeto de que língua?".

A distinção entre língua e dialeto não é a mesma que se faz entre língua padrão e dialeto. Tanto que há autores que em vez de "língua padrão" falam em **dialeto padrão**, com o que querem dizer que língua padrão não é nada mais do que uma entre as inúmeras variedades que uma língua pode apresentar. Assim, haveria **dialetos regionais, dialetos sociais** e dialeto padrão. Essa é, por sinal, a posição mais consentânea com uma visão ecolinguística da questão, uma vez que enfatiza justamente a ideia de diversidade (variedades). Todas as demais denominações, para não falar em "língua culta" (o que implicaria variedades "incultas"), encerram algum tipo de preconceito em seu bojo. A expressão "dialeto padrão" implica que ele é apenas uma entre as inúmeras variedades de uma "língua".

Para as línguas menos prestigiadas, e/ou faladas por minorias, têm-se usado designações tais como língua nacional, **língua étnica** (eufemismo para "tribal"), **língua de nacionalidades** e **língua de minorias** (faladas por minorias linguísticas). Em geral, trata-se de mera questão terminológica, que esconde um preconceito. Ademais, língua padrão não é necessariamente o mesmo que língua nacional ou língua literária. A denominação **língua nacional**, proposta em uma situação de multilinguismo, é, na verdade, um prêmio de consolação. Quando o Estado quer agradar os falantes de determinada língua sem elevá-la ao *status* de oficial, declara-a língua nacional. É o que acontece com o guarani no Paraguai, entre outros exemplos. Na prática, isso não altera em absolutamente nada seu *status*. O tratamento que recebe do Estado continua sendo o mesmo de antes do "honroso" título. Nem mesmo o título de **língua oficial regional** (que tem o catalão e as diversas línguas indianas menos o inglês, o hindi e o sânscrito) tem muito valor, embora seja melhor do que o de língua nacional, uma vez que garante certas regalias na região em que é falada, como tradução de documentos oficiais e outras, pelo menos no papel. O que vale mesmo é o título de língua oficial do Estado-nação, ou seja, ser língua estatal, ou dialeto estatal, como aqui definidos, pois é este que é imposto aos falantes de todo o território do Estado e usado em todas as situações oficiais. Quanto à designação "línguas de nacionalidades", era mais comum nos países do Leste Europeu, sobretudo durante os regimes comunistas. Era usada para designar as línguas das minorias.

Vejamos algumas características do **dialeto/língua estatal** (dialeto/língua padrão) por oposição às demais variedades linguísticas existentes no território de um estado-nação. De acordo com Garvin e Mathiot (1974: 122-123), as duas principais propriedades do dialeto padrão (que eles chamam de língua padrão) são a **estabilidade flexível** e a **intelectualização**. Para os autores, "uma língua padrão, a fim de funcionar eficientemente, deve ser estabilizada por uma codificação apropriada; deve ser ao mesmo tempo bastante flexível na sua codificação para permitir modificação concomitante com a mudança cultural". Eles preveem uma agência de codificação, como a Académie Française (França), a Real Academia de la Lengua (Espanha), a Academia Brasileira de Letras e outras. Um caso interessante é o do bahasa indonesia, variedade do malaio (que era uma língua franca), que em 1928 foi adotada pelo Estado indonésio como língua oficial. Em 1942, foi nomeada uma comissão linguística, que cuidaria da normatização: criar uma gramática normativa, uma terminologia moderna e uma regulamentação da língua quotidiana. Sobretudo a terminologia deu grandes resultados. Em 1975, já se haviam criado 320 mil termos novos, a fim de a língua se manter a par das novidades científicas e tecnológicas. Tentou-se inclusive uma comissão em conjunto com a Malásia, mas interesses divergentes acabaram por fazê-la fracassar.

No que tange à intelectualização, ela visa permitir proposições precisas e rigorosas e, se possível, abstratas, o que abrange tanto o léxico quanto a gramática. A intelectualização permite "uma comunicação mais diferenciada, a tomada e o armazenamento de mais informações, uma percepção e conhecimento mais diversificados, soluções de problemas intelectualmente mais complexos e projetos de ação mais diferenciados" (Ammon, 1973).

Os autores falam também das funções de um dialeto padrão. A primeira é a **função unificadora**. Para eles, "uma língua padrão serve como elo entre os falantes de diferentes dialetos da mesma língua, contribuindo assim para uni-los em uma única comunidade linguística", que equivale à comunidade de fala do capítulo "Multilinguismo". A segunda função é a **separatista**, que "opõe uma língua padrão a outras línguas, antes como uma entidade separada do que como uma subdivisão de uma entidade maior". A terceira função é de **prestígio**, uma vez que o domínio do dialeto padrão confere prestígio a seu usuário. A quarta função é a de **quadro de referência**, a partir do qual se podem julgar as falas em geral. O dialeto padrão dispõe de uma norma codificada que constitui uma medida de correção.

Por fim, os autores falam das **atitudes** que eventualmente se têm para com o dialeto padrão. A primeira é a atitude de **lealdade linguística**. Trata-se de um desejo de conservar e defender a própria língua, se é que isso seja

**140** Linguística, ecologia e ecolinguística

possível. A segunda, **orgulho da própria língua**, seria uma causa da primeira. Em geral, essas duas atitudes resultam em militância, como o que fazem alguns "defensores" da língua em Portugal, no Brasil e na França. Até hoje não consegui entender bem contra o quê. Será contra os próprios falantes, que a "deturpariam"? Nesse caso, quem sabe se excluíssem os falantes de carne e osso, com suas necessidades concretas, talvez esses "defensores" da língua conseguissem mantê-la incólume, vale dizer, cristalizada. Mas, aí, tratar-se-ia de uma língua morta, como o grego antigo, o latim e o sânscrito.

O fato importante a ser retido é que o conceito de língua oficial, padrão, de unidade, do Estado ou língua estatal ou dialeto estatal (ou denominações equivalentes) está intimamente ligado ao Estado-nação. O que é pior, frequentemente, essa variedade é imposta pelos normatizadores como sendo <u>a</u> língua. As demais variedades seriam deformações dela. No caso do multidialetalismo, os demais dialetos seriam inferiores ao dialeto estatal (padrão), sendo que, na verdade, é justamente o contrário que se passa, como no caso do alto alemão, que surgiu como "língua de união" (*Einheitssprache*) a partir dos dialetos germânicos. A visão normatizadora é tão forte que, segundo Bourdieu (1984: 5), "falar *da* língua, sem maiores especificações, como fazem os linguistas, é aceitar tacitamente a definição *oficial* da língua *oficial* de uma unidade política", sobretudo quando se pensa em termos de Saussure. Com efeito, ela "é um código", "produzido por autores que têm autoridade para escrever, fixado e codificado por gramáticos e professores, encarregados de inculcar seu domínio". Tanto em sua gênese quanto em seus usos sociais, "a língua está inextricavelmente ligada ao estado". Enfim, "é no processo de constituição do estado que se criam as condições da constituição de um mercado linguístico unificado e dominado pela língua oficial". Afora isso, o que se tem são dialetos.

No que interessa diretamente aqui, contato de línguas e contato de dialetos não apresentam diferenças fundamentais, como já havia salientado o clássico da Linguística do Contato (*contact linguistics*), Uriel Weinreich. O contato de línguas é uma espécie de continuação do contato de dialetos, o que implica que o multilinguismo é uma continuação do multidialetalismo. Os dois têm a mesma natureza e a mesma origem histórica. Isso implica também que o dialeto é um ecossistema linguístico complexo. Também nele não há um sistema homogêneo. Tudo isso parece indicar que não há **ecossistema linguístico simples**.

Se os resultados do contato de línguas são pidgins, crioulos, línguas duomistas, entre outros, um dos resultados bem comuns do contato de dialetos é a coineização. A partir daqui, vou comentá-la, bem como alguns outros fatos da **ecologia do contato de dialetos** do português brasileiro.

O espalhamento de grupos no espaço, como os núcleos iniciais de colonização do Brasil por Portugal, ou seja, Bahia, Pernambuco, Rio de Janeiro e São Paulo, entre outros, provocou um dialetação natural. De acordo com o *founder principle* de Mufwene (2001), cada um desses núcleos tendeu a desenvolver uma variedade dialetal própria, devido aos contatos com línguas diferentes, além da tendência à deriva própria causada pela separação espacial. No entanto, no sentido do que existe na Europa, na China e em outros países, não se poderia dizer que há dialetos no Brasil. Porém, no sentido da sociolinguística norte-americana, em que toda variedade da língua é um dialeto, sim. Com isso, teríamos no Brasil, entre outros, o dialeto estatal, por oposição aos **dialetos populares** e, sobretudo, aos **rurais**, os **dialetos regionais** (gaúcho, amazonense, carioca etc.).

Os mesmos fatores que levam à diversificação linguística e dialetal levam também ao contato de línguas e de dialetos, o que, ao fim e ao cabo, pode levar a uma convergência. Esses fatores são basicamente os deslocamentos de populações ou partes delas. Com isso, em um primeiro momento, a diáspora provoca a diversificação dialetal, como nos primeiros tempos do latim na península itálica, na Gália e na Dácia. Do contato do latim com as diferentes línguas locais de cada uma dessas regiões, além da adaptação natural ao novo meio ambiente e de uma inevitável coineização, foram surgindo dialetos latinos que acabaram evoluindo para novas espécies-línguas, ou seja, italiano, francês, espanhol/português e romeno, respectivamente. Após consolidadas essas línguas, seus falantes continuaram se deslocando, provocando contato entre as respectivas línguas, como acontece ainda hoje com os inúmeros imigrantes portugueses na França, além das viagens e outros deslocamentos.

No interior do território de cada língua se dá algo parecido. Assim, desde pelo menos a chegada da família real no Rio de Janeiro, houve um processo de convergência de pessoas das diversas partes do Brasil, o que deve ter provocado um processo de **coineização**, de nivelamento dialetal. Atualmente, há um processo semelhante na cidade de São Paulo, que, devido à maciça imigração de pessoas de todo o Brasil, tem um tipo de linguagem que não é a mesma das cidades interioranas, mesmo as mais próximas, onde se fala o chamado **dialeto caipira**. Esse fenômeno se repete com muita frequência. Mais recentemente, temos o caso de Brasília, em que há um claro processo de nivelamento dialetal.

**142** Linguística, ecologia e ecolinguística

Mais recentemente ainda, temos Palmas, capital do estado do Tocantins, sobre a qual não tenho nenhuma informação científica. Em todas essas cidades houve um grande afluxo de imigrantes de diversas regiões do país, fato que levou a um tipo de nivelamento dialetal, ou coineização. Vale dizer, o mesmo deslocamento de P, ou partes dele, leva ao contato e à formação de novos dialetos/línguas, com todas as consequências que todo contato entre línguas e entre dialetos pode ter.

Vejamos, em primeiro lugar, algumas características do dialeto rural por oposição ao dialeto estatal, uma vez que eles constituem dois extremos de um *continuum*. Em seguida, vou comentar alguns fatos relacionados com o contato dessas duas variedades do português. Os exemplos dados a seguir foram colhidos do dialeto da região de Major Porto, município de Patos de Minas.

Algumas das características mais conspícuas do dialeto rural (DR), por oposição ao estatal (DE), podem ser vistas na fonética-fonologia. No nível segmental, o DE tem o fonema /λ/, cujo equivalente em DR é /j/. Entre os exemplos poderíamos citar "filho/fio", "velho/véio" e "fornalha/fornaia". Uma segunda característica do DR é o que se tem chamado de rotacização, ou seja, a transformação de /λ/ em /r/ em posição pós-vocálica e como segunda consoante de aclive, como em "falta/farta" e "calça/carça", por um lado, e "placa/praca" e "problema/pobrema", por outro lado.

Uma terceira característica bastante chamativa de DR *versus* DE se encontra na acentuação tônica. De um modo geral, o português não aprecia muito o padrão proparoxítono. Tanto que no próprio DE, a estatística de padrões acentuais é aproximadamente a seguinte: paroxítonos 70%, oxítonos 20%, proparoxítonos 10%. Ou seja, a paroxitonidade perfaz mais do dobro dos demais padrões. O que é mais, a oxitonidade, que perfez menos de um terço da paroxitonidade, é o dobro da proparoxitonidade. No DR, o quadro muda bastante, com o padrão proparoxítono tendendo a desaparecer e a oxitonidade tendendo a aumentar. O desaparecimento da proparoxitonidade é um princípio tão forte que existe uma regra cuja finalidade é justamente desfazê-la: a queda da vogal postônica. É essa regra que produz formas como "abobra" de "abóbora", "xicra" de "xícara" e "corgo" de "córrego". Ela é categórica nas variedades extremas de DR. Talvez a vitalidade dessa regra se deva ao fato de ela ser herdada do latim ainda em Roma, como atestam as correções do *Appendix Probi*. No mesmo caso estão "cômodo > comdo" e "bêbedo > bebdo". Nas variedades mais basiletais do DR, essas palavras viram *condo* e *bebo* (donde "bebum"), respectivamente.

Vale a pena comentar a regra da queda da postônica relativamente à questão dos padrões silábicos. Sabemos que o padrão silábico menos marcado, universal, é CV. O português também tende a segui-lo. No entanto, quanto há conflito entre essa tendência e a tendência ao não uso de proparoxítonos, o segundo geralmente ganha. Os três exemplos recém-dados já provam isso. Na palavra "a.bó.bo.ra", temos três sílabas CV, além da inicial V. Com a queda da postônica, surgiu uma sílaba CCV (a.bó.bra), o padrão de aclive mais complexo do português. Nos "empréstimos" do DE, isso ocorre com muita frequência. Por exemplo, quando a palavra "quilômetro" entrou no DR, a queda da postônica produziu [ki.lõm.tru], com uma coda silábica inadmissível no DE, ou seja, um [m]. Entre um padrão silábico mal vindo e o proparoxítono, o DR prefere a primeira alternativa. O fato é que sempre há adaptação nos "empréstimos" feitos ao DE. Poderia acrescentar diversas outras características fonológicas do DR. Para não me alongar demais, vou mencionar apenas o chamado "r caipira", originário da região do interior de São Paulo. Ele está no bojo de um processo de enfraquecimento da vibrante pós-vocálica. Se em São Paulo, sul de Minas, norte do Paraná, Mato Grosso, Mato Grosso do Sul e sul de Goiás a vibrante simples nessa posição se realiza sempre como [rr] (r caipira), mais ao norte do país ela tende a [x] (como "ch" de Bach) ou até mesmo a [h]. Naquelas regiões se diz [pòrr.ta abèrr.ta]; na segunda, diz-se [pòx.ta abèx.ta] para "porta aberta". No DE, prefere-se a variante original, com a vibrante simples [r] ou, mais comumente, a alternativa vigente nos dialetos do Norte. Do ponto de vista do contato de dialetos, é de se notar que a alternativa nortista está ganhando terreno frente à caipira, que é bastante estigmatizada em outras regiões do país.

Na morfologia também há muitas diferenças entre DR e DE. Na flexão verbal, o DR geralmente tem uma forma para a primeira pessoa do singular do indicativo e outra para as demais. Como vimos em outra parte do livro, o verbo "cantar" (que em DR é "cantá") conjuga-se assim: *eu canto, ocê canta, ele canta, nós canta, ocês canta, eles canta*. No imperfeito do indicativo, só há uma forma para todas as pessoas e números, ou seja, *cantava*. Os nomes (substantivos e adjetivos) praticamente não se flexionam em número. Apenas os determinantes (artigos, demonstrativos e outros) podem receber o -*s* de plural: *o/os, esse/esses, argum/arguns* etc.). O sistema pronominal é o que está exposto no capítulo "Ecologia da evolução linguística".

Na sintaxe, há uma clara preferência pela parataxe frente à hipotaxe. Eis um exemplo: *o menino montô nesse cavalo, e lá vai de galope, e o cavalo virô assim*

**144** Linguística, ecologia e ecolinguística

*p'o menino*. A oração relativa normalmente é assim: *a primera casa que ele chegô nela era branca*. Os adjuntos não concordam em número com o núcleo do sintagma nominal, embora haja concordância em gênero: *as menina pequena*. Em número, tampouco o verbo concorda com o sujeito: *as menina pequena chegô*. O pronome indefinido também não concorda com o núcleo do sujeito, sobretudo quando posposto: *as menina pequena chegô tudo*. Por fim, tampouco o predicativo concorda com o sujeito: *as menina pequena chegô tudo atrasado* (DE: *as meninas pequenas chegaram todas atrasadas*). Isso é consequência da ausência de flexão em número nos nomes e da pouca flexão nos verbos.

Outra característica interessante é a diferença na regência verbal. Vejamos apenas dois exemplos: *vô estudá es tudo* (vou fazer com que todos eles estudem), *a minina agradô d'ocê* (a menina gostou de você).

Ainda na sintaxe, mas fazendo interface com a fonologia, gostaria de comentar a colocação dos pronomes átonos. Se no DE existem cerca de dez regras de colocação, geralmente com preferência pela ênclise, no DR só há uma regra, ou seja, **se o pronome é tônico, vem depois do verbo; se átono, antes dele**. Assim temos, entre outros exemplos, *me dá, te amo, se mete* etc. Afora isso, temos *vi ele* (vi-o), *ele viu nós* (ele nos viu/viu-nos), *gosto d'ocê* etc. Como tentei demonstrar alhures, essa preferência brasileira pela próclise dos pronomes átonos tem a ver com o padrão acentual, mais um argumento a demonstrar a força da repugnância pelos proparoxítonos. Com o pronome átono antes do verbo, o grupo pronome+verbo será sempre paroxítono ou oxítono, ou seja, mantém-se a tonicidade do próprio verbo. Com o pronome após o verbo, teríamos formas proparoxítonas, como "chamâmo-lo", "deixáste-me" etc.

No nível léxico-semântico e das expressões idiomáticas também há muitas especificidades do DR. Alguns itens lexicais dificilmente são conhecidos dos urbanitas. Eu poderia citar *manqueba* (manco), *peteco* (bagunça, desordem), *mutreco* (boneco de trapo, espantalho, coisa feia), *catirar* (trocar, barganhar), *leteque* (falante, loquaz) e *rodêro* (roda). Algumas palavras assumem significado diferente do que têm no DE, como *panhá* (< apanhar = comprar), *tarado* (abobado), *fresco* (calmo, tranquilo), *embondo* (coisa sem importância, ninharia, migalhas), *banguê* (estrado para se carregar caixão), *dicoque* (sapo) etc. Além disso, algumas palavras apresentam diferenças na configuração fonológica, como *digero* (ligeiro, rápido), *balangá* (balançar), *jabo* (jaibro), *librina* (neblina), *norva* (noiva) e *diária* (diariamente). Tudo isso para não falar na nomenclatura de coisas específicas, como a *picumã* (fuligem preta da fumaça no teto ou no jirau), e dos arcaísmos, como *derradero* (derradeiro, último), *galispo* (galo pequeno), *corpanzil* (corpo grande) etc.

Nesse nível, talvez se pudessem incluir as expressões idiomáticas (fraseologia). Assim, *batê a pedra* é prometer ir trabalhar para alguém e não cumprir a palavra; *passar a manta* em alguém é levar vantagem em uma transação; *enguli a lobêra* é não cumprir a palavra; *pegá luita* é uma luta parecida com o sumô, que consiste em simplesmente jogar o adversário no chão e dominá-lo. Aqui poderíamos incluir expressões como *la invai* ou *lenvai* (lá vai) *vs. lá invém* ou *lenvém* (lá vém), *im des de* (desde), *im antes de* (antes de) e *um terno de* (muitos), entre outras.

Existem alguns fatos dos dialetos rurais e das variedades populares em geral que estão diretamente associados ao contato com a variedade urbana e a estatal do português. Um deles é a estigmatização de que são alvo. Como os falantes de DR sabem que os urbanitas estigmatizam seu modo de falar, procuram adequar-se ao modo de falar presumivelmente urbano, com o que, frequentemente, produzem o que em Sociolinguística é conhecido como **hipercorreção**. Como sempre ouvem dos urbanitas que *carça* é "errado" e que o "certo" é *calça*, passam a substituir sempre o "r" nessa posição, dizendo não apenas *calça*, mas também *\*galfo* (garfo) e *\*malmita* (marmita). Como lhes dizem que *fio*, *mio* e *muié* estão "errados" e que o "certo" é *filho*, *milho* e *mulher*, trocam /j/ por /l/ mesmo onde o próprio DE tem /j/, como em "melha" (meia), "telha" (teia de aranha) e assim por diante. Resumindo, no contato com os urbanitas, a estigmatização leva a uma **insegurança linguística**, que pode levar à hipercorreção. Como disse Pinker (2005), "sempre que os pedantes corrigem, os falantes comuns hipercorrigem". É importante ressaltar que na interação intradialetal, ou seja, quando falam entre si, em sua própria comunidade, os falantes de DR nunca cometem hipercorreções. Todos usam o dialeto local à perfeição.

Grande parte dos habitantes das zonas rurais é **bidialetal**, ou seja, conhece dois dialetos, o local (DR) e o urbano, mais próximo do DE. Por isso, mesmo quando não cometem hipercorreções no contato com urbanitas, podem alternar entre os dialetos. Eu registrei na região de Major Porto o depoimento de uma senhora que, diante da pergunta sobre seu nome, respondeu *Artiva*. No entanto, eu não ouvira direito, devido ao barulho da música (Folia de Reis), inquirindo "como?", ao que ela repetiu *\*Altiva*. Os habitantes da região podem passar de *nóis foi* (nós fomos) para *nós fomo*, de *eles andô* (eles andaram)

**146** Linguística, ecologia e ecolinguística

para *eles andaro* na mesma situação de contato. As formas "fomo" e "andaro" pertenceriam a algo como um "mesoleto" entre DR e DE.

Os exemplos que dei foram todos coletados na região de Major Porto (ex-Capelinha do Chumbo), município de Patos de Minas (MG), embora muitos deles sejam compartilhados por muitas outras variedades rurais da maioria das regiões do Brasil. Toda essa variedade é diversidade e, como na Ecologia, representa riqueza. Infelizmente, porém, essa riqueza está em perigo de desaparecimento. Aliás, muita coisa que registrei nessa região em 1974 já não é conhecida dos jovens locais; apenas os velhos ainda se lembram delas. O que é mais, grande parte das características do dialeto caipira descritas por Amaral (1982) já desapareceu. Isso ocorre devido ao contato com as variedades urbanas do português, além do DE via escola.

Ao lamentar o desaparecimento dos dialetos rurais, não estou propugnando por um iletramento, um não acesso ao DE. Pelo contrário, estou lamentando a perda de todo um conhecimento que se esvai com o desaparecimento de uma variedade do português. Isso porque, quando uma palavra desaparece, o fato se dá porque a coisa designada por esta também desapareceu ou, pelo menos, o conhecimento que a comunidade tinha dessa coisa, como sabiam os membros da escola dialetológica *Wörter und Sachen* (palavras e coisas). O que estou defendendo é a variedade, a diversidade de dialetos, inclusive o dialeto estatal. Como nos ensina a natureza, diversidade representa riqueza, no caso riqueza de meios expressivos, o que não é algo ruim que deve ser extirpado, como querem os normativistas para as variedades não padrão, não estatais.

## Leituras recomendadas

A conceituação de língua e dialeto está desenvolvida em Ulrich Ammon (1973) e Coulmas (1985), entre outros. Em inglês, podem-se ler os ensaios contidos em Haugen (1972).

As diversas situações linguísticas (Índia, China etc.) estão discutidas em Calvet (1987) e Coulmas (1985).

Sobre as características do dialeto rural, pode-se consultar Amaral (1982) e Bortoni-Ricardo (1985). Essa obra é uma boa referência também para uma visão geral da oposição DR vs. DE. Especificamente sobre os fatos fonológicos do DR, pode-se consultar Couto (1997). Sobre a distinção DR vs. DE, pode-se ler Hildo H. do Couto (*O que é português brasileiro*, São Paulo, Brasiliense, 1986).

O preconceito linguístico, que gera insegurança e hipercorreção, está muito bem estudado por Marcos Bagno (*O preconceito linguístico*, São Paulo, Edições Loyola, 1999). Sobre o contato de dialetos em Brasília, uma boa referência é Bortoni (1991).

# Situações fronteiriças

Quando se fala em **situações fronteiriças**, é necessário distinguir aquelas em que há um acidente geográfico separando os dois países e aquelas em que ele inexiste. No presente capítulo vou tratar do contato do português com o espanhol na pequena cidade de Chuí, situada no extremo sul do Brasil, na fronteira atlântica com o Uruguai. Essa cidade forma uma comunidade gêmea com o Chuy uruguaio. A única divisão física (se é que se pode falar assim) que há entre Chuí e Chuy é uma avenida que no lado brasileiro se chama avenida Uruguai e no lado uruguaio, avenida Brasil. A fronteira entre os dois países no local é, na verdade, o canteiro central da avenida, o que não significa que seja fronteira entre duas cidades. O exemplo mais conhecido de situação como essa é o de Santana do Livramento/Rivera, mas há outros, mesmo ao longo da fronteira entre Brasil e Uruguai. Uma delas é a pequena Aceguá/Aceguá, localizada a 60 quilômetros de Bagé. Deixando de lado pequenos vilarejos e áreas rurais, como São Diogo/San Diego e outros "passos", as demais cidades fronteiriças entre Brasil e Uruguai têm um rio a separá-las, como em Quaraí/Artigas e Jaguarão/Río Branco. Ao falar sobre o quarto tipo de contato de línguas no capítulo "Conceituando contato de línguas", incluí as situações fronteiriças. Na verdade, isso parece ocorrer só nos casos em que há acidente geográfico separando as partes, como os dois últimos recém-mencionados. Chuí/Chuy não se inclui nele, por razões que ficarão claras logo a seguir.

Em outras fronteiras, temos casos conhecidos como os de Foz do Iguaçu (Brasil)/Ciudad del Este (Paraguai), Uruguaiana (Brasil)/Paso de los Libres (Argentina), separadas por rios. O interessante caso de conurbação Dionísio Cerqueira (sc), Barracão (pr) e Bernardo Irigoyen (Argentina) é como Chuí/Chuy, uma vez que não há acidentes geográficos separando as cidades. São cidades trigêmeas, que abrangem dois estados (Santa Catarina e Paraná) e dois países

**150** Linguística, ecologia e ecolinguística

(Brasil e Argentina). Os estudos sobre a linguagem na fronteira Brasil-Uruguai têm incluído alguns casos do interior do Uruguai, onde também há algumas comunidades em que se fala português, os "dialectos portugueses en el Uruguai (DPU)" de Elizaincín (cf. Elizaincín, Behares e Barrios, 1987). É o caso de Tranqueras, Minas de Corrales, Vichadero, Isidoro Noblía e, até certo ponto, Tacuarembó.

Entre Portugal e Espanha também há situações semelhantes. Riodonor (Espanha)/Rionor (Portugal) constituem cidades gêmeas como Santana do Livramento/Rivera e Chuí/Chuy. Quanto a Guadramil, próximo a Rionor, Eljas, Valverde, San Martín e Lubián, assemelham-se às demais recém-mencionadas, ou seja, há acidentes geográficos separando-as. A última encontra-se em território espanhol, mas seus falantes afirmam que "Las gentes de la zona suelen decir 'somus castellanos, pero falamus galegu'". Para dar mais um exemplo, temos o barranquenho, falado na localidade portuguesa de Barrancos, cuja língua mais comum é o espanhol. Enfim, desde que as línguas começaram a se diversificar, acompanhando o movimento das populações, começou também a haver encontro de línguas. Somando isso à imposição de fronteiras entre estados, temos o que constitui o objeto de estudo do presente capítulo.

Os estudos sobre a linguagem ao longo da fronteira Brasil-Uruguai têm se concentrado mais na região de Santana do Livramento/Rivera, como se pode ver pela bibliografia. Essa localidade encontra-se no que foi o domínio das chamadas Missões, em que se falava português, motivo pelo qual é ele que predomina ainda hoje, mesmo no lado uruguaio. Outras localidades já foram investigadas, sobretudo no que concerne à educação bilíngue. A região de contato Chuí/Chuy só foi investigada por Jorge Espiga (cf. Espiga, 2001), pelo menos até onde pude ver, embora ele tenha se restringido ao que aí acontece com o português devido à influência do espanhol. No presente momento, Tatiana Amaral estuda a questão, além de mim próprio. Usando a Sociolinguística laboviana, Espiga investigou sobretudo o destino da lateral pós-vocálica, a fim de averiguar se ela ocorre como alveolar, labializada ou vocalizada. Está faltando, não só para Chuí/Chuy e Santana do Livramento/Rivera, mas para todas as comunidades fronteiriças, uma visão de conjunto do contato entre as duas línguas, uma abordagem que encare essas comunidades geminadas como algo que de alguma forma constitua uma unidade. É o que pretendo fazer com Chuí/Chuy. Nessa comunidade, diferentemente do que se passa em Livramento/Rivera, o espanhol predomina, inclusive no lado brasileiro, fato que se justifica pela história da colonização. De qualquer forma, nos dois casos temos comunidades únicas.

Minha preocupação principal não é se em Chuí/Chuy se fala espanhol aportuguesado ou português acastelhanado nem apenas investigar possíveis interferências de uma língua sobre a outra. Pelo contrário, o objetivo básico é discutir a questão da perspectiva de que se trata de uma única comunidade de fala, por oposição às respectivas comunidades de língua portuguesa e espanhola que aí se defrontam uma com a outra, e averiguar como os membros dessa comunidade de fala comunicam entre si. Com isso, eventuais interferências em uma e outra direção podem até ser levadas em conta, mas não são o foco principal. Para entender melhor a situação atual, começo por um pequeno escorço histórico da comunidade.

Na verdade, o destino da região de Chuí/Chuy começou em 1493, com as bulas *2ª Inter caetera* e *eximiae devotionis*, do Papa Alexandre VI, e o Tratado de Tordesilhas em 1794. Tanto que quem começou a ocupá-la foram os espanhóis, que já no século XVII introduziram a criação de gado e a primeira aduana. Em 1680, Portugal fundou Colônia do Sacramento, de frente para Buenos Aires. Para contrabalançar, os espanhóis fundaram Montevidéu em 1726. Em 1750, assina-se o Tratado de Madri, ou de Permuta, pelo qual ficam determinadas as jurisdições das duas coroas. Após várias idas e vindas, elas assinam o Tratado de Santo Ildefonso (1777), pelo qual a região situada entre o arroio Taim e o arroio Chuí é declarada neutra, donde o nome Campos Neutrais. Por esse tratado, a Colônia do Sacramento é devolvida à Espanha e a região das Missões vai para Portugal. Em 1821 a Banda Oriental, nome do atual Uruguai, foi anexada a Portugal com o nome de Província Cisplatina. Com a independência do Brasil (1822) e do Uruguai (1825), os dois países assinam um tratado de limites no ano de 1851, pelo qual os Campos Neutrais passam para o Brasil, "sin indemnización". Em 1888, começa a surgir um pequeno povoado na região do arroio Chuí (uruguaio), embora haja quem ache que isso tenha se dado em época posterior (1890). Para outros, teria sido antes, ou seja, 1852, ou até mesmo 1737. Diga-se, entre parênteses, que, segundo Espiga (2001: 86), o Chuí brasileiro ter-se-ia iniciado nesse ano, mediante "uma guarnição de dragões portugueses, encarregada da vigilância do passo". O fato é que em 1905 já se tem notícia da primeira escola pública em Chuy. No ano de 1934, aparece o primeiro jornal, *El Chuy*, "con textos en español y portugués", fato

**152** Linguística, ecologia e ecolinguística

revelador da situação da comunidade. Em 1938, Chuy se eleva à categoría de *pueblo*. Em 1939, o Chuí brasileiro é elevado à categoria de vila. No ano de 1940, sente-se a necessidade de dar nomes às ruas de Chuy, o que foi feito anos depois. Em 1944, inaugura-se a ponte internacional sobre o arroio Chuí. Em 1961, Chuy é elevado à categoria de vila. Em 1963, instala-se um consulado uruguaio no lado brasileiro. Em 1964, começa a imigração árabe para o lado brasileiro. Em 1967, instala-se um Consulado brasileiro no lado uruguaio. Em 1969, inaugura-se a rodovia Silva Pais, a BR 471. Em 1978 instala-se uma torre de televisão no lado brasileiro, o que permitiu receber o sinal da RBS e da Rede Globo. Em 1982, Chuy é declarada cidade. Em 1985, surge a revista *Nuestro Horizonte*, também com textos em espanhol e português, uma vez que pretendia ser "integracionista". Em 1985, dão-se as comemorações pela independência do Brasil, com participação dos habitantes do lado uruguaio. Em 1986, temos a criação dos *free shops* em Chuy, Río Branco e Rivera. Em 1990, iniciam-se as transmissões do Canal 5 del SOBRE para Chuy. Por fim, registre-se que Chuí emancipou-se de Santa Vitória do Palmar em 1995.

Como se pôde ver, a região que vai de Santa Vitória do Palmar ao Chuí sempre esteve mais ligada ao domínio espanhol e, posteriormente, ao uruguaio. Devido a essas vicissitudes e às dificuldades de acesso à região ao sul do banhado do Taim, os habitantes sempre estiveram mais ligados à cultura de língua espanhola do que à de língua portuguesa. Como disse o professor de História Homero Suaya Vasques Rodrigues, de Santa Vitória do Palmar,

> nós todos éramos um misto de uruguaios. Nosso linguajar, por exemplo, [...], era todo, todo ele uma grande mistura da língua espanhola. No linguajar, nós éramos espanhóis. Na personalidade, nós éramos uruguaios. [...]. Na década de 50, os filmes que se exibiam em Santa Vitória eram mexicanos e argentinos. Os atores e as atrizes, como Libertad Lamarque, ditavam a moda e os costumes da mocidade daquele época (Espiga, 2001: 88).

mesmo estando essa cidade a 20 quilômetros da fronteira. Rona (1963: 204) já afirmara que "cidades como Santa Vitória do Palmar têm, até hoje, muito melhores comunicações com o Uruguai do que com Pelotas ou Bagé". Com muito mais razão, Chuí esteve muito vais voltado para o Uruguai do que para o Brasil. A situação começou a mudar com a inauguração da BR 471, a chegada do sinal da televisão brasileira e outros serviços prestados pelo Estado brasileiro. Com isso, a influência do português e da cultura

Situações fronteiriças **153**

brasileira começou a se fazer sentir. Mas, mesmo assim, de modo muito tímido. Chuí continua muito mais voltado para o Uruguai do que para o Brasil. Ainda hoje, podemos dizer que Chuí é um Brasil de língua espanhola.

Eu gostaria de encerrar esse esboço histórico com uma constatação de José Pedro Rona da década de 1960. De acordo com ele, "aqui no Uruguai, a resistência do castelhano na região de Chuy é tão intensa que sequer a constante imigração de brasileiros procedentes de Santa Vitória do Palmar pode facilitar a penetração linguística". O autor continua, dizendo que "nesta zona não se desenvolveu nenhum dialeto fronteiriço" (Rona, 1963: 208), no sentido de dialeto misto. Vejamos, então, como se apresenta o quadro atual.

Para caracterizar a comunidade em questão, comecemos por alguns dados estatísticos. Atualmente, a metade Chuí tem aproximadamente 6.386 habitantes; sua outra parte Chuy, 9.805. A comunidade inteira tem, portanto, 16.191 habitantes. Elas estão situadas a 254 km de Pelotas, 471 km de Montevidéu e 505 km de Porto Alegre. A comunicação com o resto do Brasil é pela BR 471 e, com o Uruguai, pela Ruta 9. A cidade brasileira mais próxima é Santa Vitória do Palmar, a 20 km de distância, motivo pelo qual até pouco tempo ela era castelhanizada, embora hoje a maioria da população seja monolíngue em português, apenas com um domínio passivo do espanhol. Várias cidades uruguaias, como Rocha (134 km), estão mais próximas de Chuí do que Pelotas ou Rio Grande (a 150 km), além da maior facilidade de comunicação há mais tempo.

A única separação que há entre o Chuí brasileiro e o Chuy uruguaio, se é que se pode falar em separação no presente caso, é a já mencionada avenida. Na verdade, a "divisa" entre as duas é o canteiro central da avenida, exatamente como no caso mais conhecido de Santana do Livramento/Rivera e o menos conhecido de Aceguá/Aceguá. Essa "divisa" entre as duas cidades é, também, a fronteira entre os dois países, Brasil e Uruguai. A despeito disso, o trânsito de pessoas e de carros é livre nas duas direções. Os habitantes podem requerer as duas nacionalidades, fato conhecido como *doble chapa*. Há pessoas de um lado casadas com pessoas do outro lado e vice-versa. Os filhos podem estudar de um lado ou de outro da "fronteira". Há casos de habitantes do lado uruguaio que trabalham no lado brasileiro e vice-versa, embora o primeiro caso seja mais comum. Há uma tendência de especialização do comércio. Por exemplo, produtos de informática se concentram mais nas *free shops* de Chuy. Os supermercados de Chuí são mais procurados, enquanto as padarias de Chuy são mais bem guarnecidas.

**154** Linguística, ecologia e ecolinguística

Nas cidades típicas brasileiras e uruguaias, a igreja católica é em geral o monumento mais imponente, frequentemente no coração da cidade (na praça principal). Em Chuí/Chuy, predominam igrejas evangélicas, inclusive a Iglesia Universal del Reino de Dios, havendo até mesmo uma mesquita, devido à imigração palestino-árabe para o lado brasileiro. A igreja católica dos dois lados é bastante modesta. Isso é mais uma atipicidade do local.

Partindo dos depoimentos dos informantes, poderíamos dividir os membros da comunidade Chuí/Chuy entre aqueles que estão voltados para o polo uruguaio e os que estão voltados para o polo brasileiro. Entre os voltados para o polo uruguaio, a esmagadora maioria é nascida no próprio Uruguai, inclusive fora de Chuy, perfazendo um total aproximado de 40% da população; entre os nascidos em Chuí, os voltados para esse polo seriam cerca de 30%. Quanto aos voltados para o polo brasileiro, são quase todos nascidos no próprio Brasil (Chuí, cidades próximas e outras), perfazendo aproximadamente 20%. Entre os nascidos no Uruguai (só de Chuy) que se poderiam considerar como voltados para o polo brasileiro, teríamos apenas uns 8%. Por fim, temos uma pequena minoria indiferente aos dois polos, estimada em 2% da população.

Os preços das mercadorias estão quase sempre marcados em pesos uruguaios. Quando vamos pagar algum produto, frequentemente perguntam se vai ser em real ou em peso (1 real = 10,9 pesos), tanto em Chuy quanto em Chuí. Isso se deve ao fato de a maior parte dos compradores do comércio varejista local ser os próprios moradores de Chuí/Chuy. A língua principal deles é o espanhol. Com isso, entramos no eixo principal do presente capítulo, que é a forma como se dá a interação comunicativa entre os membros dessas comunidades gêmeas ou, melhormente, dessa comunidade.

Logo que chegamos a Chuí, notamos que a principal língua é o espanhol. Segundo algumas estimativas, incluindo-se os que o dominam apenas passivamente, ele é falado por mais de 80% das pessoas, mesmo em Chuí. Há umas poucas pessoas nascidas no local que preferem falar português, como o taxista Pedro, de uns 65 a 70 anos. Seu português se aproxima do das regiões limítrofes do Rio Grande do Sul. No entanto, se nos dirigirmos a alguém na rua em português, a maioria das pessoas responderá em um português acastelhanado. Por exemplo, Camila, uma garota de 17 anos, fala basicamente espanhol, a despeito de morar, estudar e trabalhar em Chuí (ela é bolsista na Biblioteca Municipal de Chuí). Quando fala português, revela um forte sotaque espanhol. Quando quis referir-se a "açougue" em português, perguntou "Cómo se dice carnicería?"; quando lhe dei a resposta, ela ainda indagou: "Cómo se escribe?". Por sinal, ela é bisneta de uma das grandes personalidades do Chuí/Chuy antigo, Samuel Priliac, hoje nome de ruas. Trocado em miúdos, para a esmagadora maioria das pessoas da idade de Camila, e até de idades superiores, o português é segunda língua, quando muito. Um fato muito comum é haver diálogos com uma pessoa falando em português e a outra em espanhol, ou ambas falando portunhol, como alguns moradores reconhecem.

Embora grande parte das transmissões radiofônicas que se ouve nas ruas seja em espanhol, há uma clara preferência por programas da televisão brasileira. Por exemplo, as novelas são vistas por grande parte dos moradores dos dois lados. A maioria dos cantores brasileiros é conhecida, sendo que se podem ouvir alguns deles em alto-falantes e divulgados por vendedores de discos e até em emissões radiofônicas em espanhol, em Chuy. No entanto, o papel do português parece aproximar-se do que tem na Guiné-Bissau, ou seja, de segunda língua associada ao Estado.

Talvez uns 70% das placas, dos nomes de estabelecimentos comerciais e dos letreiros de Chuí estejam em espanhol. Entre as exceções estão as indicações oficiais, tais como Banco do Brasil, Biblioteca Municipal, nomes de escolas, avisos oficiais do governo brasileiro e assemelhados. Há também umas poucas placas e letreiros particulares em português. Um fato interessante nesse contexto são os textos que se pretendem ser em português, mas que, na verdade, mesclam as duas línguas. É o caso do seguinte cartão de um hotel do lado brasileiro: "Rivero Hotel / habitaciones con TV a Cores / Baño Privado e Garagem / cel..... / Calle Colômbia .....". Como se vê, a maior parte do texto está em espanhol. No entanto, "a cores" e "e garagem" estão em português. É interessante notar ainda que "calle Colômbia", oficialmente, deveria ser "rua Colômbia", pois é assim que está escrito nas placas. É um nome próprio que, em princípio, não deveria ser alterado, pelo menos na grafia. Trata-se de apenas um exemplo, entre muitos outros, da variabilidade na linguagem de Chuí/Chuy. Assim, no mesmo hotel, os avisos aos hóspedes ora estão em português, ora em espanhol, mesmo sendo seu proprietário brasileiro e voltado para o polo brasileiro. Aliás, ele foi um de meus informantes, tendo afirmado que fala o português melhor do que o espanhol. No lado uruguaio, via de regra não se veem cartazes em português, nem mistos como esse, a não ser propagandas

**156** Linguística, ecologia e ecolinguística

comerciais, como a seguinte: "Agora no Chui Uruguay / PNEUS / o melhor preço / Galeria Brasil Local 4".

Quando algum desconhecido inicia uma conversa com outrem voltado para o polo brasileiro, todo o diálogo se dá naturalmente em português, mesmo que seja um português com forte marca do espanhol. No entanto, quando a conversa é com alguém voltado para o polo uruguaio, podem acontecer duas coisas. Se o interlocutor residir e trabalhar no lado uruguaio, pode acontecer de responder em espanhol. Porém, se quem iniciou o diálogo persistir usando português, o interlocutor local poderá tentar adaptar-se falando um português carregado de sotaque, ou o que chamam portunhol. Se ele residir e/ou trabalhar no lado brasileiro, ou tiver algum tipo de contato constante com alguém nesse lado, poderá responder direto em português ou portunhol. Sobretudo os comerciantes, vendedores ambulantes e camelôs (que ocupam grande parte das ruas e calçadas), independentemente do lado em que se encontrem, procuram adaptar-se à língua do potencial freguês, embora a maioria fale espanhol. Por fim, é possível darem-se diálogos inteiros com um dos interlocutores falando uma das línguas, ou que se presume que o seja, e o outro falando a outra, ou que se presume que o seja. Eis um exemplo:

- Freguês: Quanto custa a garrafinha de água?
- Atendente: *Veinte pesos.*
- Freguês: E em real?
- Atendente: *Dos reales.*
- Freguês: Não seriam dezessete reais?
- Atendente: *Puede ser en otro lugar, pero aquí no.*

Isso acontece porque, como já fora notado por investigadores do contato português/espanhol em outras áreas de fronteira Brasil/Uruguai, os falantes frequentemente não são conscientes de que língua estão usando no momento em que falam. Eles simplesmente se expressam como é comum expressar-se em sua comunidade. Aqui, a situação não marcada é o uso do espanhol; só se não for possível, usa-se o português. Mas isso é uma questão de pouca relevância. O importante é interagir verbalmente, é comunicar-se. E a comunicação sempre se dá sem ruídos entre quaisquer dois moradores de Chuí/Chuy, independentemente de que língua se usa. Pode até não ser nenhuma das duas em sua plenitude, mas o portunhol. Note-se, ainda, que as duas línguas são muito semelhantes, o que dilui ainda mais a dúvida de qual língua se está usando. Afinal, língua é o modo como os membros de uma comunidade comunicam entre si.

Por volta de 1877, o governo uruguaio adotou uma política linguística rigidamente monolíngue em espanhol, com o fito de acabar com o português falado em grandes áreas do norte. Seu uso chegou a ser terminantemente proibido. Essa política deve ser somada às outras razões históricas que levaram a um maior uso do espanhol na região do Chuí/Chuy. Entretanto, o aumento da presença do estado brasileiro nas últimas décadas tem contrabalançado essa pressão, exercendo pressão no sentido contrário, ou seja, no sentido da presença do português. Tanto que, atualmente, em Santa Vitória do Palmar, a poucos quilômetros, fala-se basicamente só português. Mas é também verdade que, e com muito mais razão, nas cidades uruguaias próximas, como Rocha e Treinta y Tres, só se fala espanhol.

Chuí/Chuy é uma única comunidade de fala. Seus habitantes convivem em um mesmo território e interagem diuturnamente entre si, verbalmente e não verbalmente. Uma prova adicional em prol dessa tese é a série de acomodações mútuas. Elas são adaptações ao meio ambiente local. Por conviverem nela variedades de português e de espanhol, é inevitável que o que se consideram manifestações de português e espanhol esteja marcado por interferências de um no outro, embora mais do espanhol no português do que o contrário. Examinemos algumas dessas acomodações ou adaptações.

Para começar, Espiga apresenta uma lista de traços do português local resultantes da pressão do espanhol. São elas: a) pronúncia alveolar do /l/ pós-vocálico; b) preservação das vogais médias baixas [e] e [o] em posição átona final, que não se elevam para [i] e [u]; c) não palatalização de [t] e [d] antes de [i], embora eu tenha alguns contraexemplos que podem ser vistos no parágrafo seguinte; d) preferência pelo pronome "tu" em vez de "você"; e) flexão do verbo para concordar com "tu" (tu andas), contrariamente ao que se dá na maior parte do Rio Grande do Sul. Ainda de acordo com o autor, essas tendências já começam a ser revertidas. A alveolaridade do /l/ pós-vocálico, por exemplo, se mantém em 73% dos falantes de mais de 50 anos. Nos de 26 a 50, a manutenção cai para 43%, e nos de 16 a 25, para apenas 24% dos falantes. Ele mostra também que os falantes do sexo feminino que mantêm essa alveolaridade chegam a 54%, ao passo que os do masculino são 48%. Por

**158** Linguística, ecologia e ecolinguística

fim, os falantes de alta escolaridade a mantêm em 54% dos casos, enquanto que nos de baixa escolaridade ela cai para 44% (Espiga, 2001).

Minha informante Camila (17 anos), voltada para o polo uruguaio e falante de português como L2, apresenta uma série de interferências do espanhol. Assim, ela disse [bra'siw] 'Brasil', [brasi'leru] 'brasileiro', [mew bisa'bo] 'meu bisavô', [ša'maɖu] 'chamado' e [ašu'do] 'ajudou'. Por outro lado, ela apresenta pronúncias inesperadas como [xe'kòrdji] 'Record', [a 'jentši] 'a gente', [is'tšilu dji 'vida] 'estilo de vida' e outros, que parecem ser frases feitas. Em menor grau, isso pode ser observado até mesmo em pessoas mais velhas e declaradamente voltadas para o polo uruguaio. É o caso da senhora Mendes (±60 anos) e Julio (±60 anos), entre vários outros de meus informantes. Trata-se de adaptação ao interlocutor.

Entre as interferências lexicais, temos *incluso* 'inclusive', *bueno* 'bem' (que parece ser pan-riograndense), *asado* [a'saɖo] 'churrasco', *no mais* (= *no más*) 'não mais, precisamente, apenas', *cosa* ['kosa] 'coisa' etc. Aqui entram todos os nomes de produtos locais, tais como *chivitos* 'tipo de sanduíche', *parrillada* 'tipo de comida com carne', *pan de queso* 'pão recheado com queijo', *peso* ['peso] 'moeda uruguaia' etc.

Devido à influência da TV brasileira, ao contato das pessoas entre si e à presença oficial do Estado brasileiro, tampouco o espanhol local sai incólume, embora em muito menor grau. Uma de suas propriedades que mais salta à vista é o uso de "tu", em vez do conhecido "vos" da variedade platina, que é como se vê nos exemplos a seguir, em que a variante de Chuí/Chuy está entre parênteses.

(1) Vos me apagas el farol (tu me apagas el farol) 'você apaga o farol para mim'
(2) Vos ves que aflojo (tu ves que aflojo) 'você vê que eu afrouxo'
(3) ¿y vos, que vas a tomar? (¿y tu, que vas a tomar?) 'e você, o que vai tomar?'

Aparentemente, na vizinha Rocha também se tuteia, o que não excluiria uma confluência com a pressão vinda do português gaúcho, que também usa "tu".

Se no português de Chuí/Chuy há muitas interferências léxico-semânticas espanholas, no sentido contrário elas existem também. Começando pelas fórmulas feitas, notamos que se diz *buen día* 'bom dia', sendo que o normal em espanhol uruguaio é *buenos días*. Por influência da televisão brasileira, pode-se ouvir *todo bien?* 'tudo bem?' e outras expressões. No que tange a itens lexicais propriamente ditos, temos, entre outros, *abafado* (aire caliente) 'abafado', *gurí* 'guri' etc. Entre os produtos locais eu salientaria *baurú* 'bauru' (tipo de sanduíche), *churrasco* (*asado*) 'churrasco' e outros.

Já vimos acima que o peso uruguaio é a moeda corrente inclusive no lado brasileiro. Isso é mais uma estratégia de adaptação. Com efeito, a maior parte da população local está virada para a vida uruguaia, como já foi amplamente demonstrado. Preços em reais seriam muito caros para ela, porque o peso está bastante desvalorizado relativamente ao real, ou seja, um real está para quase onze pesos. Como o comércio é muito pragmático, adapta-se rapidamente às condições vigentes no meio ambiente local.

Vejamos agora um pouco das atitudes dos próprios membros da comunidade de Chuí/Chuy. Em primeiro lugar, praticamente todos têm o sentimento de pertencerem a uma única comunidade, ou seja, para eles não há um Chuí brasileiro distinto de um Chuy uguruaio, "é tudo uma coisa só", como afirmou um informante de Espiga (2001: 89). Vários de meus informantes afirmaram o mesmo. Por exemplo, quando Isidro disse "aqui" em seu depoimento, estava referindo-se aos dois lados da fronteira entre Brasil e Uruguai. Parece que a divisão, do ponto de vista mental, é feita mais pelos que chegam de fora. Essa opinião tem sido constatada por diversos investigadores. Por exemplo, para José Pedro Rona "as cidades ao longo de toda a fronteira são gêmeas e constituem virtualmente, em cada caso, uma só cidade, com sua vida econômica e cultural intimamente mesclada" (Rona, 1963: 204).

Uma outra atitude geral entre os habitantes de Chuí/Chuy é a afirmação de que, quando estão falando, não têm consciência de que língua estão utilizando. Os estudiosos já o constataram em outros lugares. Para Rona (1963: 214), "... para ele [o falante] não há palavras espanholas e palavras portuguesas, mas só palavras que integram seu saber linguístico, cuja pertinência a determinada norma ignora". Assim, é muito comum iniciarem uma conversa em espanhol, passarem para o português ou, pura e simplesmente, mesclarem as duas, usando o portunhol. Muitos afirmaram que sua linguagem é "entreverada". Um habitante de outra comunidade geminada, Rivera (que forma uma única comunidade com Santana do Livramento), afirmou que os seus moradores são *rompeidiomas* (Carvalho, 2003: 134).

É importante notar que os habitantes da comunidade de Chuí/Chuy voltados para o polo brasileiro têm consciência de que não falam o português

**160** Linguística, ecologia e ecolinguística

como os demais brasileiros, nem como os de cidades mais próximas como Rio Grande e Pelotas e, às vezes, nem mesmo os de Santa Vitória do Palmar. Algo semelhante se passa com os voltados para o polo uruguaio. Eles sabem que quando vão a Montevidéu, por exemplo, são notados como falantes de uma variedade estranha de espanhol, nortenha.

Diante de tudo isso, é natural que os chuienses apresentem uma insegurança linguística, e até mesmo não linguística. Por exemplo, a noção de nacionalidade brasileira e uruguaia parece um tanto diluída. Referindo-se a Rivera/Santana do Livramento, Hensey (1972: 17, 19) afirmou que "brasileiros (uruguaios) são aqueles que se atribuem essa nacionalidade", acrescentando que "até certo ponto, nacionalidade informada relaciona-se com local de residência e frequência à escola".

Existe uma grande harmonia entre os habitantes dos dois lados da comunidade Chuí/Chuy. No entanto, às vezes se pode notar uma pequena rivalidade. Um taxista nascido do lado brasileiro, ao qual solicitei que me levasse à aduana uruguaia após ter me levado à brasileira, me disse que talvez eu não fosse tão bem tratado na segunda como fora na primeira. Isso porque "os castelhanos são mal-educados", asseverou ele. Alguns dos moradores voltados para o polo uruguaio têm opinião diametralmente oposta. Felizmente, opiniões como essa são exceção, não a regra.

Praticamente todos os ensaios sobre situações como a de Chuí/Chuy partem dos sistemas linguísticos que aí se encontram. O objetivo central é, em geral, explicar como uma língua interfere na outra, ou seja, como um sistema interfere no outro. Exceções seriam estudos como o de Sturza (2004, 2005), que partem de "práticas discursivas", ou seja, de atos de interação comunicativa. Porém, as duas orientações apresentam problemas. Para os primeiros, os atos de interação comunicativa em questão seriam desviantes relativamente ao sistema de que partem. Os segundos, por seu turno, ficam só em questões de "representação simbólica", em questões ideológicas, de identidade etc. Ambos tipos de questões são importantes. Porém, ater-se só a um deles não explica como se dão os atos de interação comunicativa em Chuí/Chuy e o que os faz inteligíveis. A abordagem ecolinguística, ao contrário, leva em consideração, antes de tudo, o ecossistema, que é formado pelo agrupamento de pessoas que convivem no lugar em suas inter-relações entre si e com o meio ambiente físico, sobretudo o território. Por isso, ela envolve essas duas posições antagônicas em um movimento dinâmico e dialético. O objetivo é entender a dinâmica das interações comunicativas (*parole*). Se para isso for indispensável incluir-se o sistema (*langue*), que ele seja incluído. A diferença entre a abordagem ecolinguística e a estruturalista tradicional é que, para a primeira, o sistema não é o objetivo final nem único da investigação. Ele é apenas um meio para se entender como se dão os atos de interação comunicativa na comunidade em questão. Em relação às abordagens da Análise do Discurso, a diferença consiste em que minimiza, quando não despreza, a ideia de sistema, relegando-a a segundo plano, se tanto. Por isso, tanto a abordagem estruturalista quanto a discursiva são parciais. Faz-se necessária uma abordagem integradora, holística.

É bem verdade que o que se dá em Chuí/Chuy se deve ao fato de que há um contínuo de variação linguística que parte de um centro de prestígio em forma de ondas. Essas ondas podem chocar-se com outras ondas provindas de outros centros de irradiação de novidades, como na imagem da *Wellentheorie* (teoria das ondas), de Johannes Schmidt (1843-1901). No caso, as ondas partem de centros como Rio de Janeiro, São Paulo e Porto Alegre, pelo lado do português, e de Montevidéu e Buenos Aires, pelo lado do espanhol. A despeito disso, partindo do conceito de ecossistema, é perfeitamente legítimo delimitar o território em que se encontra Chuí/Chuy como um único ecossistema, isto é, uma comunidade de fala, como definida no capítulo "Linguística, Ecologia e Ecolinguística". Com efeito, retomando o conceito de EFL, aí temos um território (T), uma população que não se divide em duas (P), e uma maneira de se interagir verbalmente (L), mesmo que às vezes em uma língua, às vezes em outra ou, até, em nenhuma delas, mas em uma terceira alternativa, o portunhol. Vários autores afirmam isso, inclusive membros da própria comunidade. Cabe ao investigador, nessa perspectiva, examinar como se dá a interação comunicativa no interior desse ecossistema.

Pelos motivos já apontados, Chuí/Chuy é uma comunidade de fala complexa, bilíngue, com tendência a criar uma terceira língua (portunhol), formada por representantes de duas comunidades de língua. Trata-se de um ecossistema de transição, situado na intersecção de dois outros ecossistemas maiores, o brasileiro e o uruguaio. Como estes últimos estão sempre atuando sobre o ecossistema em questão, ele acaba sendo altamente instável, bipolar. É uma comunidade de fala com o espanhol como língua dominante e o português como língua secundária. Por esse motivo, é uma comunidade de fala bilíngue, como acontece com diversas outras mundo afora. Ela é uma prova de que

**162** Linguística, ecologia e ecolinguística

raramente fronteira política coincide com fronteira linguística, sobretudo se não há cadeias de montanhas ou rios entre os dois ecossistemas maiores de que constituem uma intersecção.

A avenida-fronteira tem um valor simbólico, sim, como afirmam os analistas do discurso e outros cientistas sociais. No entanto, ela é um símbolo porque está fisicamente lá, tem um valor territorial, de umbral da zona de intersecção entre dois outros ecossistemas. De outra perspectiva, poderíamos dizer que, em primeiro lugar, o território une os membros da comunidade Chuí/Chuy. Os sistemas estatais separam uma metade da outra. Mas a força do território tem um poder muito grande. É ele que faz com que os indivíduos que nele têm que conviver convivam, ou seja, interajam, inclusive comunicativamente, independentemente de seu polo de orientação, de nacionalidade oficial e de línguas. Isso mesmo que Chuí/Chuy tenha dois pontos de atração em sentido centrífugo. Talvez mais do que em outros casos, esta é uma situação claramente determinada pelo espaço, pelo território. A copresença no espaço leva a uma comunhão de interesses e, ulteriormente, à interação comunicativa. Se houvesse uma linguagem unificada, essa interação se daria sem que os de fora vissem aí um caso especial. Como não há essa linguagem unificada e homogênea, no sentido chomskyano, adapta-se ao que é mais conveniente. No caso, primeiramente ao espanhol; em segundo lugar, ao português, ou ao portunhol. Em suma, o espaço unifica a comunidade, mesmo havendo dois Estados querendo dividi-la, um puxando uma metade para um lado, outro puxando a outra metade para o outro lado.

Como mais uma prova da unicidade de Chuí/Chuy, temos algumas constatações de autores que estudaram situações similares. De acordo com um deles, referindo-se a Santana do Livramento/Rivera, "para muitos falantes, há pouca diferença prática entre denominações como 'espanhol' e 'português' para enunciados que são inteligíveis tanto para uruguaios quanto para brasileiros" (Hensey, 1972: 65). Esse autor conclui que "em vista das inúmeras similaridades entre espanhol e português, há muitas situações em que não fica claro se determinado enunciado pertence a uma língua ou à outra" (Hensey, 1972: 79). Tudo isso se aplica na íntegra a Chuí/Chuy.

Reportando-se a Txemi Apalaoza, Sturza (2004: 155) afirma que "o território – espaço físico – que esse grupo ocupa caracteriza-se: 'pela língua que utiliza, por uma história particular e pelo modo como interage com os demais'". É justamente o contrário, é o território – espaço físico – que determina a história particular e o modo de interação local. Como ela mesma diz alhures, "as fronteiras são sociais", ou seja, não são dadas pela natureza, exceto quando há acidentes dividindo as duas comunidades, como é o caso de Quaraí/Artigas e Jaguarão/Río Branco. O problema é que a autora acha que "este espaço desterritorializado é o que coloca as nossas línguas da fronteira em situação de contato" (2005). Ora, não existe espaço desterrritorializado. O que coloca duas línguas em contato é o encontro de seus falantes em determinado espaço. Todo espaço é um território potencial e é, *ipso facto*, territorializado. Reforçando o que já foi dito, o território une os habitantes de Chuí/Chuy em um único ecossistema linguístico ou comunidade de fala; o Estado tenta desuni-los, fragmentá-los em dois ecossistemas, um ligado ao do espanhol uruguaio, outro, ao português brasileiro. Felizmente, essa tentativa de cindir a comunidade é vã.

## Leituras recomendadas

A variedade de português falada no Uruguai, sobretudo a da região de Rivera/Santana do Livramento, vem sendo estudada pelo menos desde Rona (1963), com continuidade em *El "dialecto" fronterizo del norte del Uruguay* (Montevidéu, Facultad de Humanidades, 1965), passando por Frederick Hensey (The phonology of Border Portuguese, *Hispania,* v. 54, pp. 495-7), Hensey (1972) e mais recentemente por Ana Maria Carvalho, que tem feito uma pesquisa bastante detalhada sobre o assunto (cf. Carvalho, 2003 para um apanhado geral e bibliografia). A região atlântica, onde se localiza Chuí, só foi investigada por Jorge Espiga, como em *Influência do espanhol na variação da lateral pós-vocálica do português da fronteira* (Pelotas, UCPel, dissertação de mestrado, 1997), além de Espiga (2001). Mais recentemente temos:

a) Tatiana Ribeiro do Amaral, Identidade cultural e dialeto misto: a relevância do fator identidade para o desenvolvimento da mistura de línguas na fronteira brasileiro-uruguaia, *Anuario brasileño de estudios hispánicos*, 2006, pp. 170-8. Idem, La producción de cambios de código en la frontera Chuí/Chuy y su papel em la construcción de la identidad fronteriza, em Jorge Espiga, Elizaincín

164   Linguística, ecologia e ecolinguística

(orgs.) *Español y portugués: um (velho) Novo Mundo de fronteiras e contatos*. Pelotas/RS, Educat, 2008, pp. 209-33.

b)     Hildo Honório do Couto, Chuí/Chuy: uma comunidade de fala, duas comunidades de língua, em Ibidem, pp. 165-208.

_____ (*a sair*), Contato entre português e espanhol na fronteira Brasil-Uruguai, *Fragmentos*.

Para o contato português-espanhol na Europa, ver Elizaincín (1992: 157-228) e Maria Victoria Navas Sánchez-Elez (El barranqueño: un modelo de lenguas en contacto, *Revista de Filología Románica*, 1992, v. 9, pp. 225-46, bem como El barranqueño y el fronterizo en contraste, *Anuario de Linguística Hispánica*, v. 10, 1994, pp. 267-81).

Para uma avaliação das "práticas linguísticas" fronteiriças, pode-se consultar Sturza (2004, 2005).

Para um detalhado histórico da região Chuí/Chuy, ver *Historial de Chuy*, disponível em: <www.chuynet.com/historial-de-chuy.htm>. Acesso: em novembro/2006.

A colônia de imigrantes palestinos em Chuí foi estudada por Denise Fagundes Jardim (*Palestinos no sul do Brasil: identidade étnica e os mecanismos sociais de produção da etnicidade-Chuí/RS,* 2000, tese (Doutorado em Antropologia) – Universidade Federal do Rio de Janeiro e Museu Nacional.

# Ilhas linguísticas

A expressão "ilha linguística", doravante IL, surgiu na dialetologia alemã, em 1847, para designar a língua de uma comunidade das proximidades de Königsberg, terra de Kant, hoje em território russo. O conceito em si tem sido investigado há muito tempo, datando as primeiras descrições dos séculos XVI (Siebenburgen) e XVII (Zips). Até neogramáticos se dedicaram a ele, como Jost Winteler, com sua *Ortsgrammatik* (gramática local). Jakob Grimm também coletou palavras em IL. O conceito se incorporou definitivamente à tradição linguística alemã por volta de 1900. Antigamente, falava-se também em "colônia linguística". Nas demais línguas, não é muito comum ouvirmos falar em ilha linguística. Em português, por exemplo, prefere-se falar em "enclave". Em inglês, também fala-se em "enclave", além de "pockets". Aliás, o conceito de enclave seria uma tradução de IL. Mas, além de "enclave", às vezes se ouve também a expressão "exclave", ou seja, aquela situação em que o enclave é encarado da perspectiva da mãe pátria. Por exemplo, os enclaves linguísticos alemães no leste europeu seriam, da perspectiva alemã, exclaves. Na literatura de língua alemã, o conceito de IL é muito frequente, sobretudo para referir-se a enclaves linguísticos alemães fora da Alemanha, além dos enclaves linguísticos estrangeiros existentes dentro do território alemão.

De acordo com os estudiosos alemães, **ilhas linguísticas** (IL) são comunidades linguísticas e de assentamento relativamente pequenas e fechadas, que surgem em determinado ponto do território, relativamente maior, de outra língua. Normalmente é uma comunidade relativamente fechada e homogênea. Pelo fato de ser um enclave, as IL têm seu espaço delimitado, e sua língua se distingue claramente da língua do entorno. Elas só se mantêm, quando se mantêm, devido a uma forte consciência da própria identidade frente à da sociedade envolvente. Em síntese, IL é uma pequena comunidade linguística inserta no território de outra comunidade linguística.

**166** Linguística, ecologia e ecolinguística

Há muita discussão sobre qual é a definição correta de IL. Um dos problemas é o de se saber se IL é uma comunidade linguística ou de assentamento, no qual não se fala mais a língua original. Há grupos étnicos como quistos no território de outros grupos que já não falam a própria língua. Será que podem ser considerados IL? A julgar pelo próprio conceito (ilhas linguísticas), parece que nesse caso já não se trataria de uma IL, uma vez que, não havendo língua, tampouco haveria ilha linguística. Outro é o tamanho do grupo: de que tamanho deve ser, pequeno, grande? Nesse caso, quão grande ou quão pequeno? Um terceiro problema que se tem levantado é se realmente a IL tem que estar inteiramente dentro do território da comunidade maior. Se assim for, a IL do Tirol do Sul, cujo território se confina com o da Áustria, não seria IL. Um quarto problema é o fechamento da IL relativamente à comunidade envolvente, o que excluiria a presença de eventuais membros da comunidade envolvente em seu interior. Além disso, a IL pode estar em expansão ou, ao contrário, em contração.

Há outros problemas conceituais também. Um deles é o caso de povos nômades, como os ciganos. Existem grupos de ciganos vivendo como minorias no interior de praticamente todos os países da Europa e da América, além de muitos outros pelo mundo afora. Alguns grupos já estão sedentarizados, mas a maioria vive acampada em diversas partes do país. Nesse caso, será que eles constituiriam IL? Tratar-se-ia de IL móveis? Poderíamos falar em *icebergs linguísticos*, para continuar usando a metáfora marítima? Independentemente desses eventuais problemas terminológicos, a ideia de ilha linguística é importante para os estudos de contato de línguas, e merece um lugar ao sol na Linguística do Contato. Não se trata de mera alternativa para enclave. Entre outras coisas, IL enfatiza o papel do espaço, o que não fica explícito na etimologia de "enclave" (*in* 'em' + *clavis* 'chave'). Por ser uma "ilha", a IL se reporta a um "continente", a mãe pátria, terra original de seus membros.

Como salientam alguns autores, após formada, a IL toma uma deriva própria, ligada mais à língua envolvente do que à da terra de origem. Com isso, as inovações que nela se dão se devem mais ao contato com essa língua, em todos os níveis. Normalmente, a IL tende a enfraquecer, ou seja, ela sempre será algum dia uma IL em contração (*Diminuierende Sprachinsel*). No entanto, se houver uma forte consciência da própria identidade, se houver uma "consciência de comunidade", o processo de obsolescência e de morte da língua pode ocorrer mais lentamente. Como se pôde ver, o conceito de território sempre aparece na conceituação de IL, de uma forma ou de outra. O fato é que o espaço é de fundamental importância para se entender o que vem a ser IL. No meu caso específico, interessei-me por IL justamente devido a minha preocupação com as relações entre língua e meio ambiente, sobretudo o meio ambiente natural, que inclui o território. Por isso, é importante reportarmos aos modelos de deslocamento e contato de povos e respectivas línguas vistos no capítulo "Conceituando contato de línguas".

Na Figura 1 daquele capítulo, temos o caso em que um povo (ou parte dele) e respectiva língua se deslocam para o território de outro povo já estabelecido, com a respectiva língua, ou seja, que constituem um EFL. Nessas condições, o povo que migra se vê em uma posição de relativa inferioridade *vis-à-vis* povo hospedeiro. Por isso, às vezes uso as expressões "povo mais fraco" e "povo mais forte", respectivamente, para designá-los. É a situação que normalmente chamamos de imigração. O primeiro povo é endógeno; o segundo, exógeno. No que segue, analisarei perfunctoriamente dois tipos de IL encontráveis no Brasil: as IL alemãs e as IL ameríndias. Começo pelas primeiras.

No Brasil, as primeiras tentativas de se implantarem "colônias" alemãs foram as de Santo Agostinho, no Espírito Santo (1812), Leopoldina, na Bahia (1818) e São Jorge, em Ilhéus (1822). Todas fracassaram. Uma das primeiras a ter sucesso foi a de Nova Friburgo, fundada em 1818. No Sul, as tentativas tiveram mais sucesso. De acordo com Staub (1983), houve três tipos de "colônias": 60 governamentais (entre elas, São Leopoldo, Santa Cruz, Santo Ângelo, Monte Alverne, Pelotas e São Luís); as fundadas por "sociedades lucrativas" (como Teutônia, em Estrela, 1858; Neu Berlin, hoje Marques de Souza, em Lageado, 1868; Santa Emília, em Venâncio Aires, 1865); as fundadas por particulares (São Lourenço, 1858; Linha São Pedro, em Monte Alverne, 1878, Neu Pommern, depois Nova Pomerânia, em Santa Cruz do Sul, 1888). Na maioria delas, predominava o dialeto alemão da região de Hunsrück. Há ainda várias outras, tanto no Rio Grande do Sul quanto em Santa Catarina e outros estados. O fato é que há cerca de um milhão de falantes de variedades de alemão no Brasil, contra cerca de dois milhões na ex-URSS.

Como é consabido, no sul do Brasil há inúmeras IL além das alemãs. Entre elas, temos as italianas, as polonesas, as ucranianas e as japonesas. As alemãs são as mais numerosas, sobretudo em Santa Catarina e Rio Grande do Sul, para não mencionar o Espírito Santo. Vejamos a dos menonitas de

**168** Linguística, ecologia e ecolinguística

Witmarsum, Paraná, localizada a 50 km de Ponta Grossa e a 70 km de Curitiba, no município de Palmeira. Seu território abrange uma área de aproximadamente 7,8 mil hectares, com cinco "aldeias" distribuídas em torno de um centro administrativo. Em 1965, havia 691 pessoas, distribuídas por 127 famílias. Em 1979, havia 167 famílias e 769 pessoas. Em 1995, já somavam 1.086 pessoas, sem contar os "brasileiros". Atualmente a população de Witmarsum consta de 1.599 pessoas, sendo 1.183 descendentes de menonitas, com algum conhecimento de *Plautdietsch* e de *Hochdeutsch*.

Os menonitas têm uma história bastante tortuosa. Eles surgiram no bojo do movimento anabatista na Suíça, em 1525, deslocando-se para os Países Baixos devido a perseguições religiosas, sobretudo a região da Frísia, onde se desenvolveu o dialeto *Plautdietsch* (*Plattdeutsch* = baixo alemão). O nome "menonitas" deve-se a Menno Simons, um de seus líderes. Nos séculos XVI e XVII, emigraram para o delta do rio Vístula (Prússia) e para Gdanski (Polônia). Houve um processo de abandono do holandês original em prol do *Hochdeutsch*, embora o *Plautdietsch* tenha permanecido a língua da intimidade. No final do século XVIII e começo do XIX, eles migraram para o sul da Rússia, fundando duas colônias: *Alt-Kolonie* (Colônia Velha), conhecida domo Chortiza, e *Neu-Kolonie* (Colônia Nova), chamada de Molotschnna. Aí viveram em relativo isolamento por 150 anos. Em 1874, começaram a migrar para o Canadá. A partir de 1928, continuou a emigração para este país e outros da América, deixando definitivamente a União Soviética. Em 1930, de 1.256 alguns vieram para o Brasil, instalando-se no vale do rio Krauel (Witmarsum) e no chapadão do "Stolzplateau", Santa Catarina. Em 1934, parte do grupo migrou para Curitiba, parte para Blumenau, parte para São Paulo. Em 1948, um subgrupo instalou-se na "Colônia Nova", próximo a Bagé (RS). Em 1951, finalmente, 60 famílias foram para o município de Palmeira (PR), no que passou a ser chamado de Colônia Witmarsum, nome de uma pequena cidade da Frísia, onde Menno Simons nascera.

Até aqui, vimos em que consiste o território (T) e a população (P) da colônia menonita Witmarsum. Para completar o EFL, falta falar sobre a parte língua (L) dele. Trata-se de uma comunidade trilíngue, que fala *Plautdietsch*, *Hochdeutsch* e português, os dois primeiros bastante influenciados pelo terceiro. No momento, muita gente está deixando de falar *Plautdietsch* a favor do *Hochdeutsch* e do português. Apesar de ser a língua que mais marca a identidade dos menonitas, praticamente só os mais velhos a usam; os mais jovens evitam-na, tendo apenas um domínio passivo dela. Nos cultos, por exemplo, há uma preferência pelo *Hochdeutsch* e, às vezes, pelo português. No que tange à distribuição por sexo, 50% dos do sexo masculino preferem as pregações em *Hochdeutsch*, 42% prefere-nas em português. Os demais gostariam que fossem ora numa língua, ora na outra. Entre as mulheres, 58% prefere o *Hochdeutsch*, 42% prefere o português. O *Plautdietsch* fica apenas para a intimidade.

Vejamos agora o que acontece com a língua da IL, devido à força constritora da sociedade envolvente. Infelizmente, Dück (2005), em que me baseei para falar da IL Witmarsum, não contém dados linguísticos. As exceções são um texto de quatro linhas e o quadro das consoantes, das vogais e dos ditongos do *Plautdietsch*. As interferências entre as línguas não são tratadas pela autora. Eis o único texto apresentado por ela (dadas as origens do *Plautdietsch*, pode-se notar a marca do frísio holandês).

> **Plautdietsch**: Sinndach kon etj een besstje länja schlope (.) bott sau om holf säwen (.) Klock säwen dann go etj maltje (.) wenjs wie habe blaus veea Tjäaj (.) en dann (.) no dot go etj to Tjoatj (.) opp Meddach tjij etj mie wot on (.) biem Meddach ete (.) en Nomeddach dau etj schlope (.) en dann ess wada maltje Nomeddach en sau wieda jet dot (Dück, 2005, p. 17).

> **Alemão Padrão**: Sonntag kann ich ein bisschen länger schlafen (.) bis so um halb sieben (.) Uhr sieben dann geh ich melken (.) weil wir haben bloß vier Kühe (.) und dann (.) nach das geh ich zur Kirche (.) auf Mittag gucke ich mir was an (.) beim Mittagessen (.) und nachmittags tu ich schlafen (.) und dann ist wieder melken nachmittags und so wieder geht das.

> **Português:** Domingo posso eu um pouco mais tempo dormir (.) até lá por seis e meia (.) horas sete daí vou eu tirar leite (.) porque nós temos apenas quatro vacas (.) e daí (.) depois disto vou eu para a igreja (.) no almoço assisto eu alguma coisa (.) na hora do almoço (.) e após o almoço faço eu dormir (.) e daí é novamente tirar leite a tarde e assim por em diante.

Esses dados são insuficientes para o estudo do *Plautdietsch*. Por isso, recorro a outras IL do Sul, sobretudo a de São Martinho, fundada em 1886. Nos momentos iniciais, ela atendia perfeitamente as exigências do EFL. Tratava-se de uma comunidade fechada, constituída apenas de famílias originárias da Alemanha. Portanto, era um EFL relativamente homogêneo e compacto.

**170** Linguística, ecologia e ecolinguística

Como ela era quase autônoma economicamente, o contato com a sociedade envolvente era mínimo, restringindo-se praticamente à contratação temporária de "caboclos" para trabalhos que os alemães não queriam executar. Segundo Staub (1983: 48), houve "monolinguismo de aproximadamente cem anos nas colônias de Santa Cruz e Montalverne". Mas foi justamente por causa do contato com os "caboclos" que os empréstimos do português começaram a chegar à IL e a homogeneidade começou a se esgarçar.

Os sons do português que inexistem nos dialetos alemães geralmente são substituídos pelo mais próximo existente neles. Por exemplo, em São Martinho e Boa Vista do Herval, a fricativa palatal sonora é substituída pela surda equivalente, como em "junho" > *xunyu*. Nesta mesma palavra se nota que a nasal palatal [ñ] se transforma na sequência [ny]. Algo parecido se dá com a palatal lateral [λ], que vira [ly], como em *mílyâ* (milho). Ainda na fonologia, pode haver adaptação aos padrões silábicos preferenciais alemães. Eis alguns exemplos: mate > *mat*, carijó > *caríx*, carrapicho > *carpíx*.

Há também adaptações que resultam em reinterpretação da sequência de morfemas. No *Hunsrückisch* (nome do dialeto), Herval tornou-se *Érvald*, devido à palavra alemã *Wald* (mata); fósforo virou *fósfeia*, devido à existência de *feia* (< *Feuer* 'fogo') no dialeto alemão; a palavra "ameixa" é adaptada como *maméx*. Outro exemplo interessante é "cavadeira", que foi adaptada como *gravadérâ*, associando-se as duas primeiras sílabas à palavra do dialeto *grávâ* (al. padrão "*graben*"), que significa "cavar."

No morfologia, o *Hunsrückisch* de São Martinho adotou vários sufixos portugueses, juntamente com radicais que eles acompanhavam. É o caso de *guris<u>sada</u>* (gurizada), *kargéra* (cargueiro), *mul<u>ínya</u>* (mulinha), *benssed<u>ura</u>* (benzedura) etc. É muito comum a mudança de gênero, sempre por influência do gênero no dialeto. Assim, "a mula", "a cangalha" e "o maço" foram adotados como *de múlâ* (masc.), de *kangályâ* (masc.) e *di más* (fem.), respectivamente. Radicais portugueses podem receber sufixos alemães, como *canecachen*, de "caneca" mais -*chen*, sufixo diminutivo alemão. No caso dos verbos, é muito comum o sufixo -*ieren* (-ar) apor-se a radicais portugueses. Eis cinco exemplos: *lembrieren* (lembrar), *namorieren* (namorar), *sich realisieren* (realizar-se), *ofendieren* (ofender), *respondieren* (responder). Note-se que, no alemão padrão, esse sufixo está deixando de ser produtivo, mas, mesmo assim, nas IL do sul do Brasil ele se encontra com plena vitalidade.

Além disso, lexemas portugueses entram na formação das famosas *Zusammensetzungen* (compostos) alemãs. É o caso de *schuhloja*, formada de *Schuh* (sapato) mais "loja", ou seja, loja de sapatos, sapataria. Um outro seria *milhebrot*, formado de "milho" e *Brot*, para pão de milho.

Na sintaxe, como que uma marca registrada da língua das IL alemãs brasileiras é a construção que consta de *tun* (fazer) mais o nome da ação, como em *ich tu lese* (eu faço ler/leitura), em vez de *ich lese* (eu leio). Embora isso ocorra em dialetos da Alemanha, não é admitido em alemão padrão. A construção ocorre muito na IL de Boa Vista do Herval. Vejamos um exemplo: *Was tusch du genn esse?* (o que faz você de bom grado comer?, "o que você gosta de comer?"). Pode haver também incerteza na ordem das palavras em construções mais complexas, como na famosa regra do verbo no final do alemão. Vejamos, uma subordinada como "[espero que] ele sempre queira ajudar sua mãe" é *[ich hoffe], dass er der Mutter immer helfen will*. Na língua das IL, podem ocorrer as seguintes variantes: a) [...], *dass er der Mutter immer will helfen*, b) [...], *dass er immer will der Mutter helfen*.

Como sói acontecer em situações como esta, é muito comum inserirem-se palavras e até frases inteiras do português em enunciados que se presumem alemães. De Boa Vista do Herval temos *cobrador von ônibus vór ich schon* (cobrador de ônibus fui eu já), ou seja, "eu já fui cobrador de ônibus". No mesmo dialeto, a pergunta *Wann bisch de uf die Welt komm?* (Quando veio você ao mundo?) teve como resposta *Dia vinte e dois de xunho de mil novecentos e quarenta e nove*, ou seja, uma frase inteiramente em português, apenas com sotaque dialetal (*xunho*, p. ex.). Outro fenômeno que pode ocorrer, sobretudo nas situações em que a língua já está moribunda, é o uso só de palavras portuguesas no arcabouço da gramática alemã. Um exemplo colhido na região de Rolândia (PR) é *Fech die Janellen; es chuft* (Feche as janelas; chove).

A regência verbal também sofre o influxo do português. Assim, podemos ver *träumen mit* (sonhar com), em vez de *träumen von* (lit. "sonhar de"), que é a regência normal do alemão moderno. Um outro exemplo é *bleiben mit dir* (ficar com você), no lugar de *bleiben bei dir* (lit. "ficar por você"), que é a forma alemã. Um tipo de empréstimo muito comum são as frases feitas. Em muitas IL alemãs se cumprimenta dizendo *Alles gut?*, em vez de *Wie geht's?* (Como vai?), e da declinação correta *Alles gute,* que significa "Tudo bem?", "Como vai?" Das frases feitas passo para o léxico.

**172** Linguística, ecologia e ecolinguística

Como não poderia deixar de ser, o maior número de empréstimos da língua envolvente para a língua da IL se dá no léxico. Staub (1983: 202), calcula que de 1925 a 1942, havia uns 673 empréstimos portugueses no *Hunsrückisch* de São Martinho, mesmo levando-se em conta que naquela época muita gente não sabia nada de português. Mais de 90% desses empréstimos eram substantivos e 4%, verbos. As áreas semânticas eram basicamente a pecuária (17,97%), a flora (13,07%) e atividades agrícolas (11,92%). As duas seguintes são a toponímia (7,35%) e a fauna (6,53%). Mas, como se pôde ver nos exemplos anteriores, o número de palavras da língua portuguesa vai aumentando, até substituir por completo as da língua original. Nesse momento, a língua da IL desapareceria.

A segunda situação de contato representada na Figura 2 do capítulo "Conceituando contato de línguas" também pode levar, e tem levado, ao surgimento de IL. Nesse caso, é o povo mais forte que se desloca para o território de um povo, ou de mais de um povo, mais fraco, como no caso das terras invadidas pelas potências europeias na África, Ásia, América, Oceania e ilhas do Pacífico. No que é hoje o Brasil, já havia mais de mil povos e respectivas línguas. 85% dessas línguas desapareceram devido ao contato com o português. Das que ainda não desapareceram, muitas se veem em processo de atrição, devido ao fato de seus falantes terem sido esbulhados de seu território, vivendo atualmente em pequenos enclaves no território dos descendentes de portugueses. Por caminhos diferentes, chegou-se a um resultado muito parecido com o dos imigrantes, que já foi comentado, se não for pior. No capítulo "Obsolescência e morte de língua", eu já comentei alguns casos de línguas indígenas que se encontravam em adiantado processo de obsolescência na década de 1960, algumas já moribundas e outras já agonizantes. No que segue, vou falar brevemente de duas IL indígenas atuais: a tembé e a ikpeng.

O povo tembé, aparentado dos ka'apor e formando os tenetehára com os guajajara, habita a região do Alto Rio Guamá (sudeste do Pará) e as margens do rio Gurupi, na divisa do Maranhão com o Pará. A parte dele que está no Pará se distribui por oito aldeias. São elas: Sede (97 pessoas), Ituaçu (40), Pira (20), Frasqueira (18), São Pedro (131), Tawari (16), Itaputyre (10), Jacaré (40), num total de 372 indivíduos. A do rio Gurupi compreende as seguintes aldeias: Posto Indígena do Canindé (100 indivíduos), Pedra de Amolar (58), Rabo de Mucura (38), Cajueiro (45), Sapucaia (4), Tekoháw/Aldeia Nova (188); total: 433 pessoas. Ou seja, a população total da IL tembé constitui-se de 805 pessoas. Trata-se de uma pequena população que, para complicar, está dispersa por diversas aldeias de pequeno porte, havendo pouco contato entre os dois grupos principais. Como acontece com diversas outras comunidades ameríndias, a língua dessa IL está sendo solapada pela pressão do português. Aparentemente, só na aldeia de Tekoháw ainda se usa o tembé na comunicação quotidiana. No mais, usa-se o português, além do ka'apor e do guajajara.

Carvalho (2001: 12-15) divide os falantes, segundo o grau de proficiência em tembé, nos seguintes grupos: a) o grupo 1, acima de 50 anos, tem "um conhecimento mais conservador do Tembé e é também o que usa a língua em situações mais diversas"; b) o grupo 2, de 30 a 49 anos, "também [...] com alto grau de proficiência na língua nativa, embora não dominem" todo o seu vocabulário; c) o grupo 3, de diferentes faixas etárias acima de 35 anos, "falam uma versão menos conservadora do tembé e fazem mais uso do português do que da língua nativa"; d) o grupo 4, de diversas faixas etárias, aprenderam o tembé, como L2. Há um quinto grupo, constituído de pessoas que entendem o tembé mas não o falam, e um sexto, que conhece apenas algumas palavras da língua étnica.

Aparentemente, não há muita influência portuguesa no nível fonético-fonológico. Assim sendo, vejamos algumas tendências de mudanças estruturais que a língua está sofrendo. O caso argumentativo só se mantém nas pessoas dos grupos 1 e 2; nas dos grupos 3 e 4 ele já não é usado. O mesmo vale para o caso locativo. O indicativo II já está oscilando mesmo entre os do grupo 1 e 2, sendo que nos dois outros grupos ele já desapareceu. O caso translativo, que marca "um estado atingido por um processo", está assumindo funções instrumentais, semelhantes às da preposição "com", embora em tembé se trate de posposição (-*ramo*). Pelo menos entre os falantes dos grupos 3 e 4, o dativo está sendo substituído pela posposição -*upé/-pé*.

Vejamos o enunciado de (1), que contém um advérbio de tempo e outros empréstimos não referenciais.

(1)
<u>só que</u> ma?é ma?é <u>só</u> 0-puraki-há-pe <u>agora</u> ?éng
só que coisa coisa só R$^4$-trabalhar-Nom-Loc agora este
'só que agora eu trabalho'

Em (2), temos mais termos não referenciais tomados de empréstimo.

# 174 Linguística, ecologia e ecolinguística

(2)

pois é então zó kwéj na?ée zó kwéj e só pihawé nehé

pois é então só isso não é só isso e só amanhã Int

'pois é, então só isso, não é? só isso amanhã...'

Em (3) e (4) o influxo português é mais conspícuo ainda, uma vez que, neles, temos itens referenciais também.

(3)

não não mas oito horas mehé nove horas mehé

não não mas oito horas quando nove horas quando

'não não, mas quando for oito horas, quando for oito horas'

(4)

mas então a-ligar râm pé-me

mas então 1-liga Imin 23 -Dat

'mas então, eu vou ligar pra vocês'

Todas as expressões sublinhadas são empréstimos portugueses. Como se vê, com exceção de "agora", não são palavras que designam algo extralinguístico, mas categorias funcionais.

Enfim, muita estrutura considerada marcada está se erodindo. Uma conclusão de Carvalho é que "a maioria das mudanças observadas em tembé correspondem à perda de estrutura", sobretudo entre as pessoas dos grupos 3 e 4. Ela acrescenta que

> historicamente o tembé já sofreu várias mudanças que tornaram a estrutura morfossintática de suas palavras mais simples do que a de línguas mais conservadoras da família. Mas, esse processo de simplificação continua, agora motivado por causas externas diretamente ligadas à situação de contato em que vivem seus falantes com a sociedade regional falante de português (Carvalho, 2001: 69).

No caso do léxico, como sempre acontece em situações semelhantes, tomam-se emprestadas palavras que designam conceitos inexistentes na cultura original. No caso, foram registrados "enfermeiro", "doutor", "passagem" (de ônibus), dias da semana, numerais acima de dois, advérbios de tempo, intensidade e de negação, conjunções (e, mas), expressões interrogativas (pra quê?), marcadores de discurso (não é?, né?). Nos falantes do grupo 1, há menos empréstimos. Entre os que ocorreram, temos topônimos (Belém, Altamira, Itaituba etc.), antropônimos (Nélson, *Rurival* 'Lourival' etc.), além de "papai", "comadre" e "compadre". Os dois últimos foram adaptados para *kupárâ* e *kumárâ*.

No Parque Indígena do Xingu, que seria um "arquipélago linguístico" no "mar" brasileiro, existem 17 IL indígenas, pertencentes a cinco troncos linguísticos diferentes. Do tronco tupi temos os grupos kamayurá, kayabi (família tupi-guarani), juruna (família juruna) e aweti (família aweti). Da família aruak, temos o waurá, o yawalapiti e o mehinaku. Da família karib, temos o kuikuro, o kalapalo, o matypu, o nahukwá e o txikão. Da família jê, existem os grupos suyá, tapayuna, mentuktire e panará. Da família isolada trumai, existe só o grupo trumai.

O grupo yawalapiti se encontrava em processo de desintegração já no final do século XIX. Seus remanescentes viviam entre os kuikuro, os waurá, os mehinaku, os kamayurá e os aweti. Os irmãos Villas-Boas empreenderam um esforço de reestruturação do grupo mediante a incorporação de agregados e de casamentos com mulheres e homens kamayurá e kuikuro. Por isso, pelo menos três línguas indígenas são faladas em suas aldeias, ou seja, o kamayurá, o kuikuro e o próprio yawalapiti, além da língua do caraíba, o português. Trata-se, como se vê, de uma ilha linguística que já fora devastada, recompôs-se de alguma forma, mas que está sendo "inundada" novamente. A morte dessa língua será provavelmente bem mais rápida do que a das demais línguas das IL do Parque, sobretudo pelo fato de estar muito próxima do Posto Indígena Leonardo (ao sul dele) onde só se fala português. Segundo alguns autores, o yawalapiti é a língua menos falada na própria aldeia, o que já apontaria para sua obsolescência.

Ainda no Parque, temos também o caso da língua do povo trumai, distribuído por duas aldeias próximas e ao norte do Posto Indígena Leonardo. Em 1952, havia apenas 18 pessoas desse grupo, mas, no início da década de 1990, eles já somavam uns 109, vivendo nas aldeias de Terra Preta, Boa Esperança, Steinen e Posto Indígena Pavuru, embora nem todas sejam trumai. Na aldeia de Terra Preta, por exemplo, só uma mulher já de certa idade é monolíngue em trumai, talvez pelo fato de seu pai e sua mãe terem sido trumai. No entanto, mesmo ela entende um pouco da língua do marido e do português. Com exceção dela e de uma criança, todos os membros da aldeia falam mais de uma língua. Nos casamentos mistos, os cônjuges geralmente falam português entre si. Embora

**176** Linguística, ecologia e ecolinguística

as moças falem mais o trumai, grande parte das crianças fala português nas brincadeiras. Isso incomoda muito os adultos. Mesmo os que ainda falam a língua étnica, estão cada vez mais deixando as construções mais elaboradas em prol de outras mais simples, processo típico de obsolescência linguística. O que é mais, as crianças pequenas estão aprendendo o português com as maiores, o que significa que a língua está caminhando para o estado de moribunda.

Isso tem muito a ver com o fato de o português ser a língua franca do Parque Indígena do Xingu, o que em si não seria nenhum problema. O problema é que ele está sendo adquirido de modo subtrativo (em detrimento da língua étnica), e não aditivo (adicionalmente à língua étnica). Ele está ganhando terreno não só entre os yawalapiti e os trumai, mas também entre os demais grupos, em menor grau. Em suma, o "mar" português está tragando as frágeis IL do Parque, e de outras partes do Brasil.

Alguns grupos indígenas já perderam sua língua, além do território, estando seus remanescentes dispersos pelo território invadido pelos "brancos". Ainda na região do Parque Indígena do Xingu há outros casos, além dos já mencionados. Por exemplo, os ikpeng, "contatados" em 19 de outubro de 1964, durante um voo sobre o Ronuro, encontravam-se em uma aldeia a 100 km do Posto Leonardo. Em 1967, as 62 pessoas foram transferidas para o Parque. Atualmente, são cerca de 350 pessoas, vivendo nas proximidades do Posto Pavuru. Devido à interação deles com o posto de saúde, com o rádio, a escola, a visita de funcionários e ao contato com pessoas da cidade, como de Canarana, a língua portuguesa está se infiltrando no ikpeng. O quadro é mais ou menos o seguinte: a) as crianças entendem e falam o português perfeitamente; b) os adolescentes (12 a 20 anos) também, só que com um pouco de sotaque; c) os jovens (20 a 30 anos) falam português com sotaque; d) os adultos de 30 a 50 anos falam-no razoavelmente; e) os velhos (acima de 50 anos) entendem, mas falam muito pouco. Para "meu chinelo", pode-se dizer *ï-tchinelu-n*, ao lado da forma original *ïptapi*. Para "você está doido", tem-se *o-doidu-n-ke*. Às vezes, se reutilizam lexemas já existentes para novos conceitos, como em *tenkeni* (recipiente) para "garrafa" e *ï-mre-n* (meu filho) para "boneca". Uma terceira estratégia são os circunlóquios: para "enfermeiro" diz-se *gwakpit-keni* (aquele que faz tomar [remédio]); para "cortador de unha", diz-se *w-amo-ko-towo* (aquilo que corta unha) (Pacheco, 2005), embora no próprio português a expressão seja complexa.

Em suma, como já observado alhures, os povos ameríndios eram senhores do território do que é hoje conhecido como América. No entanto, com a invasão dos europeus, passaram a ser minorias em sua própria terra. Os que ainda sobrevivem geralmente constituem pequenas ilhas linguísticas.

As IL são miniaturas do EFL. Elas são como que laboratórios em que tudo que ocorre na dinâmica das línguas pode ser estudado de modo privilegiado. Elas nos permitem estudar tudo o que foi discutido nos capítulos precedentes. Tomando por base a Ecologia a Interação Comunicativa, notamos que frequentemente há atos de interação comunicativa com falantes da língua envolvente. Isso leva diretamente à questão do contato de línguas. O que é mais, esse contato constante que a língua da IL mantém com a língua da comunidade circundante provoca, juntamente com a própria deriva interna, uma aceleração na mudança linguística, ou seja, a ecologia da evolução linguística também pode ser observada quase ao vivo. O lamentável é que essa evolução vai quase sempre na direção da obsolescência ou morte da língua. O bilinguismo/multilinguismo é uma constante, uma vez que a grande maioria dos membros da IL é constituída de bilíngues, quando não de multilíngues. O multidialetalismo é apenas outra faceta desse mesmo fenômeno. No entanto, se atentarmos para o fato de que toda IL é uma miniatura de um EFL no estrangeiro, na prática há "fronteira" entre o território dela e o da língua envolvente. Portanto, de certa forma as questões fronteiriças também estão presentes. O único assunto do contato de línguas/dialetos que aparentemente não se poderia estudar nas IL são a pidginização e crioulização, embora pelo menos no caso dos crioulos formados na situação de contato representada na Figura 2 do capítulo "Conceituando contato de línguas" se tenha uma espécie de IL, pelo menos no início, ou seja, as chamadas fortalezas, donde os crioulos de fortalezas (*fort creoles*).

# Leituras recomendadas

Os textos mais importantes sobre IL estão em alemão. Eu destaco os seguintes:

a)  Peter Wiesinger, Deutsche Sprachinseln in Mitteleuropa, em H. P. Althaus; H. Nenne e H. E. Wiegand (orgs.), *Lexikon der germanistischen Linguistik*. Tübingen: Max Niemeyer, 1973.

**178** Linguística, ecologia e ecolinguística

b) Klaus J. Mattheier, Methoden der Sprachinselforschung, em Hans Goebl (orgs.) *Kontaktlinguistik*, Berlim, Walter de Gruyter, 1996, pp. 812-18.

c) Peter Rosenberg, Deutsche Minderheiten in Lateinamerika, Europa-Universität Viadrina-Frankfurt/Oder, 2001, <www.kuwieuv-frankfurt-o.de/~sw1www/publikation/lateinam.htm>, acessado em 21/05/2005.

d) Michael Clyne, *Forschungsbericht Sprachkontakt*, Kronberg/Ts, Scriptor, 1975 (ILs alemãs na Austrália).

Para as IL alemãs do Brasil, pode-se consultar, além de Staub (1983) e Dück (2005):

a) Ciro Damke, *Sprachgebrauch und Sprachkontakt in der deutschen Sprachinsel in Südbrasilien*, Frankfurt/Main, Peter Lang, 1997.

b) Marco Aurélio Schaumloeffel, *Estudo da interferência do português na variedade dialetal Hunsrück falada em Boa Vista do Herval*. Curitiba, 2003, dissertação (mestrado em Linguística) – Universidade Federal do Paraná (o corpus do autor está disponível em: <www.schaumloeffel.net>. Acessado em 10/08/2006).

Em todas essas obras, há muitas referências bibliográficas.

As referências para as IL indígenas estão dadas no próprio texto do presente capítulo.

# Conclusão

Retomando parte do que foi discutido no capítulo "Conceituando contato de línguas", praticamente tudo na língua pode ser encarado da perspectiva do contato. Contato de línguas é um tipo de interação, só que uma **interação** em que falante e ouvinte têm sistemas linguísticos diferentes. A interação é universal, talvez mais interessante do que os universais formais da Gramática Gerativa. Há **contato de línguas** quando representantes de determinado povo e respectiva língua se deslocam e se encontram com representantes de outro povo e respectiva língua. Como pessoas presentes em determinado espaço normalmente interagem, aqui não poderia ser diferente. Um dos tipos de interação mais comum entre seres humanos é a verbal, que pressupõe um código comum aos dois interlocutores. O problema é que, no caso presente, não há uma língua comum que permita a intercompreensão. O que há é uma **interação interlinguística**, na qual se faz necessária uma adaptação mútua, ou unidirecional, dependendo das relações de força em presença. Nesse caso, podem surgir variedades linguísticas pidginizadas (**pidgins**) ou crioulizadas (**crioulos**). Podem surgir também **línguas duomistas**, ou seja, aquelas que têm o vocabulário provindo de uma língua e a gramática de outra. Dependendo ainda das relações de poder, podem surgir também **línguas indigenizadas**, como o inglês da Índia, ou **línguas reestruturadas**, como o afrikaans da África do Sul, que é uma variedade reestruturada de holandês. No caso das línguas duomistas, o mais comum é adotarem o vocabulário da língua dominante e a gramática da língua dominada, como na *media lengua* do Equador e o chamorro das ilhas Marianas. A primeira manteve a gramática quéchua, mas **relexificou** a maior parte de seu vocabulário pelo do espanhol; o segundo manteve a gramática original quase intacta, mas substituiu acima de 60% do léxico por itens do espanhol.

**180** Linguística, ecologia e ecolinguística

Esses são alguns dos casos de contato de línguas mais conhecidos, que chamamos de **contato interlinguístico**. No entanto, há também o **contato de dialetos**, ou seja, **contatos intralinguísticos**, cujas causas e consequências não diferem praticamente em nada do contato de línguas. Há uma pressão das variedades urbanas sobre as variedades rurais, bem como das segundas sobre as primeiras. Algumas das consequências do primeiro tipo de pressão são a **insegurança linguística**, que leva a **hipercorreções**, e os fracassos escolares, entre outras. Isso se deve à **estigmatização** de que as variedades rurais da língua são vítimas por parte dos urbanitas, estigmatização que não tem nenhum fundamento lógico.

Além do contato de línguas e dialetos, que constitui o que se tem chamado prototipicamente de contato, podemos encarar a própria **interação comunicativa** como um tipo de contato, que mostra que há diversos outros tipos de contato, a maior parte deles **intralinguística**. Com efeito, essa interação só se dá quando dois membros da comunidade se veem juntos em determinado lugar, vale dizer, quando entram em contato. Seria um **contato interidioletal**, uma vez que cada indivíduo tem o seu idioleto. Outro exemplo é a transmissão do modo de comunicar-se comunitariamente de pais para filhos, que constitui o **contato intergeneracional**.

A **apropriação de língua** também é um tipo de contato. No caso da **aquisição de L1** pela criança, trata-se de um **contato indivíduo-comunidade**, esta última representada pela mãe, pelo pai e demais pessoas que convivem com a criança. De outra perspectiva, trata-se do contato da *faculté du langage* (gramática universal) com a língua comunitária. Se se trata de **aprendizagem de L2** pelo adulto, temos um caso de contato indivíduo-comunidade em que o primeiro já traz o conhecimento de uma língua, sua L1. Nesse caso temos o contato de seu idioleto dessa língua com a língua da nova comunidade em que ele está se inserindo. Por fim, temos o **contato de longa distância**, que aparenta ausência de contato. Um exemplo poderia ser a grande interferência do inglês no português que se verifica atualmente. Isso se dá independentemente de contato físico de falantes das duas línguas, embora esse contato de pessoas possa acelerar o processo. O influxo do inglês vem sob diversas formas: cinema, informática, esportes, televisão e muitos outros canais. A **ausência de contato** parece ter a ver com o destino da língua quando uma variedade linguística se isola espacialmente, com o que passa a ter uma deriva própria, como se veem nas ilhas linguísticas. Isso ocorre porque há um frouxamento da pressão normativa.

Mas o deslocamento de povos e respectivas línguas para o território de outros povos e respectivas línguas provoca muitas outras situações **linguísticas complexas**. Uma das mais conhecidas é o **bilinguismo** e o **multilinguismo**, além, é claro, do **multidialetalismo**. Outra é constituída pelo que se vem chamando na dialetologia alemã de **ilhas linguísticas** (IL), como o alemão das "colônias" do sul do Brasil. Não podemos esquecer também os casos de periferia do domínio territorial de determinada língua com a periferia do domínio de outra, ou seja, as **situações fronteiriças**. Como vimos, elas podem ser de pelo menos dois tipos. O primeiro é constituído daqueles casos em que há um acidente físico entre os dois domínios, como o rio Paraná entre Foz do Iguaçu e Ciudad del Este e o rio Jaguarão entre Jaguarão e Río Branco. No segundo, não há acidentes, de modo que as "duas" cidades são praticamente uma, como ocorre com Santana do Livramento (Brasil)/Rivera (Uruguai), Chuí (Brasil)/Chuy (Uruguai) e Aceguá (Brasil)/Aceguá (Uruguai). Como vimos no capítulo "Situações fronteiriças", o contato de línguas nos dois casos apresenta grandes diferenças. Uma das mais importantes é o fato de a primeira frequentemente enquadrar-se no quarto tipo de contato de línguas visto no capítulo "Conceituando contato de línguas", ou seja, aquele em que cada povo se mantém em seu território, deslocando-se com relativa frequência numa direção ou noutra. No caso de "cidades geminadas", na maior parte das vezes os membros da comunidade não têm consciência de que língua estão usando. A maior parte deles sente que se trata de uma única cidade, não de duas, mesmo quando estão mentalmente voltados para o polo de um dos países/Estados.

São esses diversos tipos de contato que constituem a dinâmica das línguas. São eles que provocam a **evolução linguística**. Com isso, podemos inferir que toda mudança na língua é causada por algum tipo de contato. Com o rolo compressor da globalização em todos os níveis, está havendo um processo inverso ao que deve ter se dado no surgimento e nos primeiros momentos das línguas, que foi um processo de **divergência** cladística (surgimento de novas línguas), mencionado até mesmo no mito da Torre de Babel. O que está havendo agora é um empobrecedor processo de **convergência**, geralmente na direção do inglês. Como alguns autores já salientaram, ele é linguicida. No contato com ele, as línguas minoritárias (e, às vezes, não só elas) se desfiguram ou morrem. A **morte de língua** (**glototanásia**) é uma das consequências mais lamentáveis do contato de línguas nos tempos atuais.

# Bibliografia

ADAMS, Carol. Ecofeminism and the eating of animal. *Hypatia*, v. 6, n. 1, 1991, pp. 125-45.

AMARAL, Amadeu. *O dialeto caipira*. 4. ed. São Paulo: Hucitec/Instuto Nacional do Livro, 1982.

AMMON, Ulrich. *Probleme der Soziolinguistik*. Tübingen: Max Niemeyer, 1973.

ARENDS, Jacques; MUYSKEN, Pieter; SMITH, Norval (orgs.). *Pidgins and creoles*: an introduction. Amsterdam: Benjamins, 1995.

BAKHTIN, Mikhail. *Marxismo e filosofia da linguagem*. 2. ed. São Paulo: Hucitec, 1981.

BAKKER, Peter; MOUS, Maarten (orgs.). *Mixed Languages*: 15 case studies in language intertwining. Amsterdã: IFOTT, 1994.

BASTARDAS I BOADA, Albert. *Ecologia des les llengües*. Barcelona: Proa, 1996.

BICKERTON, Derek. *Language and species*. Chicago: The University of Chicago Press, 1990.

BORTONI, Stella Maris. Dialect contact in Brasília. *International journal of sociology of language*, v. 89, 1991, pp. 47-59.

BORTONI-RICARDO, Stella Maris *The Urbanization of Rural Dialect Speakers*: a sociolinguistic study in Brazil. Cambridge: Cambridge University Press, 1985.

BOURDIEU, Pierre. Capital et marché linguistique. *Linguistische Berichte*, n. 90, 1984, pp. 3-24.

BRIGHT, William. A language is a dialect with an army and a navy. *Language and society*, v. 26, n. 3, 1997, p. 469.

BROCH, Olaf. Russenorsk. *Archiv für Slavische Philologie*, v. 41, 1927, pp. 14-62.

BUENO, Francisco da Silveira. *Formação histórica da língua portuguesa*. São Paulo: Saraiva, 1967.

CALVET, Louis-Jean. *La guerre des langues*. Paris: Payot, 1987.

CARVALHO, Ana Maria. Rumo a uma definição do português uruguaio. *Revista internacional de linguística iberoamericana*, v. I, n. 2, 2003, pp. 125-49.

CARVALHO, Márcia G. P. de. *Sinais de morte ou de vitalidade? Mudanças estruturais na língua tembé*. Belém, 2001. Dissertação (Mestrado em Linguística) – Universidade Federal do Pará.

CASTRO, Yeda Pessoa. *Falares africanos na Bahia*. Rio de Janeiro: ABL / Top Books, 2001.

CAVALLI-SFORZA, Luigi Luca. *Genes, povos e línguas*. São Paulo: Companhia das Letras, 2003.

CHAUDENSON, Robert. *Créole et enseignement du français*. Paris: L'Harmattan, 1989.

_____. Créolisation linguistique et créolisation culturelle. *Études créoles*, v. XII, n. 1, 1990, pp. 53-73.

CHOMSKY, Noam. *Aspects of the theory of syntax*. Cambridge: The MIT Press, 1965.

_____. *Language and problems of knowledge*: the Managua lectures. Cambridge: The MIT Press, 1988.

_____. Chomsky no Brasil. *DELTA*, v. 13, 1997 (número especial).

Coulmas, Florian. *Sprache und Staat*. Berlim: Walter de Gruyter, 1985.

Couto, Hildo Honório do. *O crioulo português da Guiné-Bissau*. Hamburgo: Helmut Buske, 1994.

_____. A comunicação homem-animal numa fazenda de Minas Gerais. *Cadernos de linguagem e sociedade*, v. 1, n. 1, 1995, pp. 40-8.

_____. *Introdução ao estudo das línguas crioulas e pidgins*. Brasília: UnB, 1996.

_____. *Fonologia e fonologia do português*. Brasília: Thesaurus, 1997.

_____. Um cenário para a crioulização sem pidginização. *Revista de estudos da linguagem*, v. 7, n. 1, 1998, pp. 5-30.

_____. *Contato interlinguístico*: da interação à gramática. Disponível em: www.unb.br/il/let/crioul/contato. htm, 1999 (acesso em: 20/12/2006).

_____. O sufixo *-eba* do português brasileiro e os conceitos de produtividade, gramática e língua. In: Grosse, Sybille; Zimmermann, Klaus (orgs.). *O português brasileiro*: pesquisas e projetos. Frankfurt: tfm, 2000, pp. 427-50.

_____. *A língua franca mediterrânea*. Brasília: Oficina Editorial do il/Plano Editora, 2002.

_____. As adivinhas crioulo-guinenses: uma perspective ecocrítica. In: Endruschat, Annette; Schönberg, Axel (orgs.). *Portugiesische Kreolsprachen*: Entstekung, Entwicklung, Ausbau und Verwendung. Frankfurt/ Main: Domus Editoria Europæ, 2005, pp. 107-20.

_____. *Ecolinguística*: estudo das relações entre língua e meio ambiente. Brasília: Thesaurus, 2007.

Darwin, Charles. *The origin of species*. Londres: J. M. Dent & Sons Ltd, 1951 (1. ed., 1859).

Denison, Norman. A linguistic ecology for Europe. In: Fill; Mühlhäusler (orgs.), The Ecolinguistics Readers. Londres: Continuum, 2001, pp. 75-83.

Døør, Jørgen; Bang, Jørgen Chr. Language, ecology and truth: dialogue and dialectics. In: Fill, Alwin (org.). *Sprachökologie und Ökolinguistik*. Tübingen: Stauffenberg, 1996, pp. 17-25.

Dorian, Nancy. The problem of semi-speaker in language death. *International journal of the sociology of language*, v. 12, 1977, pp. 23-32.

Dück, Elwine Siemens. *Witmarsum, uma comunidade trilíngue*: Plautdietsch, Hochdeutsch e português. Curitiba, 2005. Dissertação (Mestrado em Linguística) – Universidade Federal do Paraná.

Elizaincín, Adolfo. *Dialectos en contacto*: español y portugués en España y América. Montevidéu: Arca, 1992.

_____; Behares, Luís; Barrios, Graciela. *Nos falemo brasilero*: dialectos portugueses en Uruguay. Montevidéu: Editorial Amesur, 1987.

Enninger, Werner. Notes on the receding contact-induced influence of (Pennsylvania-) German on English. In: Boretzky, N.; Enninger, Werner; Stolz, Thomas (orgs.). *Beiträge zum 3. Essener Kolloquium über Sprachwandel und seine bestimmende Faktoren*. Bochum: Brockmeyer, 1987, pp. 99-125.

Espiga, Jorge. *O português dos Campos Neutrais*. Porto Alegre, 2001. Tese (Pós-Graduação em Linguística) – Pontifícia Universidade Católica.

Fill, Alwin. *Ökologie*: Eine Einführung. Tübingen: Gunter Narr, 1993.

_____.; Mühlhäusler, Peter (orgs.). *The ecolinguistics reader*. Londres: Continuum, 2001.

_____.; Penz, Hermine; Trampe, Wilhelm (orgs.). *Colourful green ideas*. Bern: Peter Lang, 2002.

França, Aniela Improta. Neurolinguística. *Ciência hoje*, v. 36, n. 21, 2005, pp. 20-5.

Garvin, Paul L.; Mathiot, Madeleine. Urbanização da língua guarani: um problema em língua e cultura. In: Fonseca, M. S. V.; Neves, M. F. (orgs.). *Sociolinguística*. Rio de Janeiro: Eldorado, 1974, pp. 119-30.

Bibliografia **185**

GUMPERZ, John; WILSON, Robert. Convergence and creolization: a case from the Indo-Aryan/Dravidian border in India. In: HYMES, Dell (org.). Pidginization and creolization of Language. Cambridge: Cambridge University Press, 1971, pp. 150-67.

HAIMAN, John. The iconicity of grammar: isomorphism and motivation. *Language*, v. 56, n. 3, 1980, pp. 515-40.

HAUGEN, Einar. The ecology of language. In: *The ecology of language*. Stanford: Stanford University Press, 1972, pp. 325-39 (também em FILL; MÜHLHÄUSLER, 2001, pp. 57-66).

HELBIG, Gerhard. *Geschichte der neueren Sprachwisseschaft.* 2. ed. Hamburgo: Rowohlt, 1975.

HENSEY, Frederik Gerald. *The sociolinguistics of the Brazilian-Uruguayan border.* Haia/Paris: Mouton, 1972.

HILL, Jane. Dimensions of attrition in language death. In: MAFFI, Luisa (org.). *On Biocultural Diversity*: linking language, knowledge, and the environment. Washington: Smithsonian Institute Press, 2001, pp. 175-89.

HOLM, John. *Pidgins and creoles*: vol. I: *Theory and structure*, 1988; vol. II: *Reference survey* (1989). Cambridge: Cambridge University Press.

_____. A semicrioulização do português vernáculo do Brasil: evidências de contato nas expressões idiomáticas. *Papia*, v. 4, n. 2, 1994, pp. 51-61.

_____. Semi-criolization: Problems in the development of theory. In: NEUMANN-HOLZSCHUH, Ingrid; SCHNEIDER, Edgar (orgs.). *Degrees of restructuring in creole languages.* Amsterdã: Benjamins, 2000, pp. 19-40.

HYMES, Dell (org.). *Pidginization and creolization of languages.* Cambridge: Cambridge University Press, 1971.

JAHR, Ernst H.; BROCH, Ingvild (orgs.). *Language contact in the Arctic.* Berlim: Mouton de Gruyter, 1996.

JAKOBSON, Roman. Linguística e poética. *Linguística e comunicação.* São Paulo: Cultrix, 1969 (original de 1960).

KHUBCHANDANI, Lachman M. Communication patterns in the Indian setting: an appraisal of sociolinguistic realities. In: ENNINGER, Werner; HAYNES, Lilith M. (orgs.). *Studies in language and ecology.* Wiesbaden: Franz Steiner, 1984, pp. 172-88.

KRAUSS, Michael. The world's languages in crisis. *Language*, v. 68, n. 1, 1992, pp. 4-10.

KUHL, Patricia K. Language, mind, and brain: experience alters perception. In: GAZZANIGA, Michael; S. (org.). *The new cognitive neurosciences.* Cambridge: The MIT Press, 2000, pp. 99-115.

LACERDA, Rosely de Souza. *Xukuru*: um povo à busca de sua língua? Coimbra, 2001. Comunicação (Encontro da Associação: Crioulos de base lexical portuguesa e espanhola, 28-29/6/2001).

LAMB, Sydney M. Neuro-cognitive structure in the interplay of language and thought. In: PÜTZ, Martin; VESPOOR, Marjolijn H. (orgs.). *Explorations in linguistic relativity.* Amsterdã: Benjamins, 2000, pp. 173-96.

LEFEBVRE, Claire. Relexification in creole genesis: the case of demonstrative terms in Haitian creole. *Journal of pidgin and creole languages*, v. 12, n. 2, 1997, pp. 181-201.

LOVELOCK, James. *Gaia*: um novo olhar sobre a vida na terra. Lisboa: Edições 70, 2001.

LYONS, John. *Linguagem e linguística.* Rio de Janeiro: Editora Guanabara, 1987.

MAFFI, Luisa (org.). *On biocultural diversity*: linking language, knowledge, and the environment. Washington: Smithsonian Institution Press, 2001.

MAKKAI, Adam. *Ecolinguistics*: ¿Toward a new **paradigm** for the science of language? Londres: Pinter Publishers, 1993.

MALINOWSKI, Bronislaw. O problema do significado em linguagens primitivas. In: OGDEN, C. K.; RICHARDS, Hs. J. A. *O significado de significado.* Rio de Janeiro: Zahar Editores, 1972, pp. 295-330.

MARKEY, William Francis. Toward an ecology of language contact. In: ORNSTEIN, Jacob (org.). *Sociolinguistic studies in language contact*: methods and cases. Haia: Mouton, 1979, pp. 453-59.

## 186 Linguística, ecologia e ecolinguística

_____. The ecology of language shift. In: NELDE, Peter (org.). *Sprachkontakt und Sprachkonflikt*. Wiesbaden: Franz Steiner, 1980, pp. 35-41.

MARLE, Jaap van; SMITS, Caroline. Morphological erosion in American Dutch. In: BORETZKY, Norbert; ENNINGER, Werner; STOLZ, Thomas (orgs.). *Vielfalt der Kontakte*. Bochum: Brockmeyer, 1989, pp. 37-65.

MEADER, Robert S. *Índios do Nordeste*. Brasília: Summer Institute of Linguistics, 1978 (Série Linguística n. 8).

MELO, Fábio José Dantas de. *Os ciganos calon de Mambaí*. Brasília: Thesaurus Editora, 2005.

MUFWENE, Salikoko. *The ecology of language evolution*. Cambridge: Cambridge University Press, 2001.

_____. *Créoles, écologie sociale, évolution linguistique*. Paris: L'Harmattan, 2005.

MÜHLHÄUSLER, Peter. *Pidgin and creole linguistics*. Oxford: Blackwell, 1986.

NAVAS SÁNCHEZ-ELEZ, María Victoria. El barranqueño: un modelo de lenguas en contacto. *Revista de filología hispánica*, n. 9, 1992, pp. 225-46.

NELDE, Peter Hans. Perspectives for a European language policy. *AILA review: Applied linguistics for the 21st century*, 2000a, pp. 34-48 (disponível em: www.aila.soton.ac.uk/pdfs/Aila14.pdf).

_____. Identity among bilinguals: An ecolinguistic approach. *Estudios de sociolinguística*, v. 1, n. 1, 2000b, pp. 41-6.

ODUM, Eugene P. *Fundamentals of ecology*. 3. ed. Philadelphia: W. B. Saunders Company, 1971.

OGDEN, C. K.; RICHARDS, I. A. *O significado de significado*. Rio de Janeiro: Zahar Editores, 1972.

PACHECO, Fantomé. O ikpeng em contato com o português: empréstimo lexical e adaptação linguísitca. *Papia* v. 15, 2005, pp. 121-33.

PARADIS, Michel. The stratification of bilingualism. *The third LACUS Forum*. Columbia, S. C.: Hornbeam Press, 1977, pp. 355-66.

_____. Language and thought in bilinguals. In: *The sixth LACUS Forum*. Columbia, S.C.: Hornbeam Press, 1980, pp. 420-31.

PINKER, Steven. *Words and rules*. New York: Perennial/Harper Collins, 2005.

RODRIGUES, Aryon Dall'Igna. Levantamento e documentação da realidade linguística do Nordeste urbano e rural. Salvador, 1975, pp. 23-34. (*comunicações apresentadas ao II Seminário de Estudos sobre o Nordeste da Abralin*) (sem indicação de editora).

_____. Línguas indígenas: 500 anos de descobertas e perdas. *DELTA*, v. 9, n. 1, 1993, pp. 83-103.

_____. As línguas gerais sul-americanas. *Papia*, v. 4, n. 2, 1996, pp. 6-18 (disponível também em: www.unb.br/il/liv/crioul/artig.htm; acesso: 04/05/2004).

RONA, José Pedro. La frontera linguística entre el portugués y el español en el norte del Uruguay. *Veritas* v. VIII, n. 2, 1963, pp. 201-21.

SALZINGER, Kurt. Ecolinguistics: A radical behavior theory approach to language behavior. In: AARONSON, Doris; RIEBER, Robert W. (orgs.). *Psycholinguistic research*: Implications and applications. N. York: Erlbaum, 1979, pp. 109-29.

SAMARIN, William. Creating language and community in pidginization. *Canadian journal of linguistics*, 33, 2, 1988, pp. 155-65.

SAMPAIO, Teodoro. *O tupi na geografia nacional*. 5. ed. São Paulo: Edusp, 1970.

SAPIR, Edward. Língua e ambiente. *Linguística como ciência*. Rio de Janeiro: Livraria Acadêmica, 1969, pp. 43-62.

SAUSSURE, Ferdinand de. *Curso de linguística geral*. 5ª ed. bras. São Paulo: Editora Cultrix, 1973.

SCHAFF, Adam. *Introdução à semântica*. Rio de Janeiro: Civilização Brasileira, 1968.

_____. *Linguagem e conhecimento*. Coimbra: Livraria Almedina, 1974.

Bibliografia **187**

SCHNEIDER, John T. *Dictionary of African borrowings in Brazilian Portuguese*. Hamburg: Helmut Buske, 1991.

SEBEOK, Thomas. Estruturas zoo-semióticas. *Revista de cultura Vozes*, v. 5, pp. 11-22.

SOUTHWORTH, Franklin C. Detecting prior creolization: an analysis of the historical origins of Marathi. In: HYMES, Dell (org.). *Pidginization and Creolization of Languages*. Cambridge: Cambridge University Press, 1971, 1973, pp. 255-75.

SREEDHAR, M. V. Standardization of Naga Pidgin. *Journal of creole studies*, v. 1, 1977, pp.157-70.

STAUB, Augostinus. *O empréstimo linguístico*: um estudo de caso. Porto Alegre: Livraria Editora Acadêmica, 1983.

STURZA, Eliana Rosa. Fronteiras e práticas linguísticas: um olher sobre o portunhol. *Rev. intern. de linguística iberoamericana*, v. I, n. 3, 2004, pp.151-60.

_____. Línguas de fronteira: o desconhecido território das práticas linguísticas nas fronteiras brasileiras. *Ciencia e Cultura*, v. 57 n. 2, 2005. Disponível em: http://cienciaecultura.bvs.br/pdf/cic/v57n2/a21v57n2. pdf, acesso em outubro/2007.

TESNIÈRE, Lucien. Phonologie et melange de langues. In: HAMP, E. P. et al. (orgs.). *Readings in linguistics II*. Chicago: The University of Chicago Press, 1966, pp. 124-32.

TEYSSIER, Paul. *História da língua portuguesa*. Lisboa: Sá da Costa Editora, 1990.

THOMASON, Sarah G. (org.). *Contact languages*: a wider perspective. Amsterdã: Benjamins, 1997.

_____. *Language contact*: an introduction. Washington, D.C.: Georgetwon University Press, 2001.

_____; KAUFMAN, Terrence. *Language contact, creolization, and genetic linguistics*. Berkeley: University of California Press, 1988.

TONNEAU, J. Sociologie économique. In: LEMONNYER, A. et al. *Précis de sociologie*. Marselha: Editions Publiroc, 1934, pp. 93-147.

TRAMPE, Wilhelm. *Ökologische Linguistik*: Grundlagen einer ökologischen Wissenschafts und Sprachtheorie. Opladen: Westdeutscher, 1990.

WEINREICH, Uriel. *Languages in contact*: findings and problems. Haia: Mouton, 1953 (consultei a 8. ed., de 1974).

WINFORD, Donald. The creole continuum and the notion of the community as a locus of language. *International journal of the sociology of language*, v. 71, pp. 91-105.

_____. Creole formation in the context of contact linguistics. *Journal of pidgin and creole languages* v. 12, n.1, 1997, pp. 131-51.

ZENTELLA, Ana Celia. El habla de los niños bilingues del barrio de Nueva York. *Actas del I Congreso Internacioinal sobre el Español de América (San Juán, Puerto Rico, 1982)*. San Juán: Academia Puertorriqueña de la Lengua Española, 1987, pp. 877-86.

# O autor

**Hildo Honório do Couto** é professor aposentado de Linguística da Universidade de Brasília, continuando em atividade como Pesquisador Associado, ministrando aulas e orientando dissertações e teses. Ele fez a Licenciatura e o Mestrado na Universidade de São Paulo e o Doutorado na Universidade de Colônia (Alemanha). Iniciou sua carreira como professor do ensino médio de São Paulo (1968) e como professor universitário de Linguística na Universidade Estadual de Londrina (1973). A partir de 1980, transferiu-se para a UnB, onde passou à categoria de Professor Titular em 1998. Organiza a revista *Papia* desde 1990, já em seu 18° número. É autor de livro e artigos científicos na área.

# Cadastre-se no site da Contexto
e fique por dentro dos nossos lançamentos e eventos.
www.editoracontexto.com.br

Formação de Professores | Educação
História | Ciências Humanas
Língua Portuguesa | Linguística
Geografia
Comunicação
Turismo
Economia
Geral

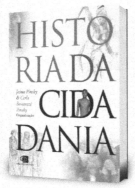

Faça parte de nossa rede.
www.editoracontexto.com.br/redes

Promovendo a Circulação do Saber